Neuroathletiktraining für Einsteiger

Mehr Koordination, Beweglichkeit und Konzentration dank verbesserter Neuroathletik - inkl. 10-Wochen-Plan für das Training im Alltag

Sebastian Borchert

INHALT

Das erwartet Sie in diesem Buch

Sie haben das Gefühl, dass Ihr Trainingsfortschritt stagniert? Suchen Sie nach neuen Anreizen, von denen sowohl Ihr Körper als auch Ihr Geist profitieren? Wollen Sie nach einer Verletzung wieder in Ihre Sportart zurückfinden oder beginnen Sie gerade erst damit, die für Sie passende Aktivität zu suchen, und wollen Sie sich eine optimale Routine aufbauen?

Egal, ob Profisportler oder Amateur: Neuroathletiktraining ist für jedermann geeignet und in der Lage, den Fortschritt eines jeden Einzelnen immens zu unterstützen. Dieses schuf seit dem Vorstoß einiger Sportwissenschaftler vor wenigen Jahren eine völlig neue Sichtweise auf die Ursachen für sportlichen Erfolg und die maximale Ausschöpfung des eigenen Potenzials. Der große Vorteil: Es besteht weder ein Verletzungsrisiko noch müssen Sie befürchten, dass Sie Fehler machen könnten.

Es geht aber nicht nur um die pure Leistungssteigerung im Sport, sondern auch um Aspekte, die wir jeden Tag im Alltag benötigen: Koordination, Beweglichkeit, Konzentration. Außerdem werden Sie lernen, Bewegungen bewusster auszuführen und so Schmerzen vorzubeugen oder diese zu lindern.

Tauchen Sie ein in die Welt der Neurowissenschaft, lernen Sie, wie unser Gehirn funktioniert und warum wir überhaupt imstande sind, uns so zu bewegen, wie wir es gewohnt sind. Es existieren zahlreiche Übungen, die Sie zwar fordern, aber genauso viel Spaß machen, und die Ihnen helfen werden, Ihr Training auf ein neues Level zu bringen. Der im Buch integrierte 10-Wochen-Plan wird Sie dabei an die Hand nehmen und Ihnen zeigen, wie auch Sie – ganz ohne Trainer – vom Neuroathletiktraining profitieren können. Worauf warten Sie noch? Beginnen Sie damit, Ihr Gehirn gezielter zu fördern – Ihr Körper wird es Ihnen danken.

Was versteht man unter Neuroathletiktraining?

Die klassische Sichtweise auf einen sportlichen Fortschritt ist wohl jedem bekannt: Wir setzen unseren Körper bestimmten Reizen und Bewegungsabläufen aus, wiederholen diese regelmäßig und steigern uns dann kontinuierlich, um das Niveau halten zu können und uns Stück für Stück zu verbessern. Betrachten wir uns dann im Spiegel, sehen wir den Fortschritt und bemerken wir unsere neue Stärke, dann haben wir meist unsere beanspruchten Muskeln, Gelenke und Sehnen im Hinterkopf, wenn wir darüber nachdenken, wie wir dies denn überhaupt erreichen konnten.

Einen wichtigen Faktor vergessen wir aber oftmals: unser Nervensystem mit unserem Gehirn als Kontrollzentrum. Dieses steuert jede einzelne Bewegung, die wir ausführen. Das bedeutet aber leider auch, dass davon ein Großteil unseres Trainings abhängt: Das Gehirn bewertet nämlich jede Situation grundsätzlich danach, ob Sie für uns gefährlich sein könnte oder nicht.

Liefert also unser Nervensystem ungenaue oder auch zu wenige Informationen an das Hirn, so veranlasst dieses automatisch vorsichtigere Bewegungen, da es von einer möglichen Bedrohung ausgeht. Es drosselt den Output an Leistungsfähigkeit, um Verletzungen zu verhindern. Da wir von diesem Bewertungsprozess aber nichts mitbekommen und ihn folglich auch nicht steuern können, kann es sein, dass wir uns so unbewusst selbst im Weg stehen – egal, ob wir gerade auf einem Snowboard einen steilen Hang hinabfahren oder auf der heimischen Yoga-Matte ein paar Dehnübungen ausführen. Man kann sich das ähnlich wie bei technischen Geräten vorstellen: Die Hardware (in diesem Falle unser Körper) mag noch so stabil und robust sein – hat die Software Schwachstellen und hängt oder führt die Befehle nicht richtig aus, stört uns das immens.

Und genau bei dieser Schwachstelle setzt das Neuroathletiktraining an. Dieses stützt sich vorrangig auf Erkenntnisse aus der Neurowissenschaft und ermöglicht eine gezielte Beeinflussung unseres Nervensystems, indem unsere drei Bewegung-steuernden Instanzen angesprochen und gefördert werden. Als Resultat sind diese in der Lage, hochwertigere Informationen zu sammeln und weiterzuleiten, damit das Gehirn sicher erkennen kann, wann wir in Sicherheit sind, und so unsere volle Kraft einsetzen können. Es wird nun nicht mehr vorsorglich eingreifen, sondern Ihnen zusätzlich dabei helfen, die gewünschten Bewegungen sicherer und fokussierter auszuführen.

Gerade in Folge einer vorherigen Verletzung ist das Neuroathletiktraining von großer Bedeutung, da es Ihnen so helfen kann, unbewusste Blockaden zu lösen und zu alter Stärke zurückzufinden. Ihr Gehirn will durch dieses schmerzhafte Ereignis mit aller Macht verhindern, dass Sie sich in Zukunft weitere Verletzungen zuziehen, also wird es noch viel höhere Sicherheitsvorkehrungen treffen, wenn Sie wieder mit dem Sport beginnen. Diese zu überwinden, ist ohne ein Training unseres Nervensystems kaum möglich. Dabei gilt es, diesen automatischen Schutzmechanismus zu umgehen, indem durch Neuroübungen der jeweilige

Bereich im Hirn, der bei der zuvor mit Schmerzen verbundenen Bewegung diesen unangenehmen Reiz sendete, kurzfristig ausgeschaltet wird. Die Übung wird dann schmerzfrei und vor allem langsam wiederholt, um das Gehirn daran zu gewöhnen, dass diese Bewegung keine Gefahr mehr für den Körper darstellt. Eh dieser Prozess abgeschlossen ist, müssen aber in der Regel 80 Stunden Training absolviert werden. Neuroathletik sollte daher langfristig und regelmäßig ausgeführt werden.

Das Neuroathletiktraining (auch Neuro Athletic Training, kurz NAT) wurde erheblich von dem Sportwissenschaftler und Trainer Lars Lienhard geprägt, der diesen Trainingsansatz seit 2010 verfolgt und europaweit bekannt gemacht hat. Er fasst dabei die Ansätze des führenden Neuroathletik-Experten Dr. Eric Cobb auf, der sich bereits mit seinem Programm „Z-Health" auf neurozentriertes Training und Therapien konzentriert. Das Z steht dabei für das russische Wort „zdorowje", was so viel wie Gesundheit bedeutet. Cobb ließ in dieses Trainingskonzept viele verschiedene Ansätze und Techniken einfließen, aber der wohl bedeutendste Gedanke dahinter ist die Berücksichtigung der physiologischen Auswirkung von Angst auf unseren Körper. Dabei wären wir wieder bei der Frage, die alles beeinflusst: „*Könnte diese Situation für mich gefährlich werden, wenn nicht sogar mein Leben bedrohen, oder bin ich sicher?*"

Lienhard trainierte mit dem NAT bereits äußerst effektiv verschiedene Spitzensportler, zum Beispiel betreute er 2014 die deutsche Nationalmannschaft bei der WM in Brasilien oder 2016 die deutschen Leichtathleten bei den Olympischen Sommerspielen. Auch die erfolgreiche Sprinterin Gina Lückenkemper profitiert von NAT-Einheiten.

Dies verdeutlicht die Effektivität, die dieser noch neue Trainingsansatz aufweist. Entgegen der anfänglichen Schwierigkeiten, diesen in der festgefahrenen Ansichtsweise der Sportwelt durchzusetzen und Anerkennung zu erlangen, war Lienhard damit so erfolgreich, dass er selbst die trainiertesten Sportler auf ein völlig neues Level bringen konnte. Wer hätte auch vorher geahnt, welche Auswirkungen diese kleinen, manchmal merkwürdig anmutenden Übungen wirklich haben?

Sehen wir uns einmal ein Beispiel an: Ein Mann mittleren Alters trainiert regelmäßig mit seinem Körpergewicht und weiß, welche Form er bei bestimmten Übungen einzuhalten hat, um die Bewegung sauber durchzuführen. Trotzdem bemerkt er, wie er immer wieder in Fehlhaltungen abrutscht, weil es ihm an Stabilität mangelt. Er fragt sich nun, was er tun kann, um gesünder und effektiver trainieren zu können. Würde er nun den Rat mehrerer Trainer oder Physiotherapeuten einholen, so würden ihm viele mit Sicherheit raten, Stabilitätstraining in seine Routine einzubauen und seine Tiefenmuskulatur besser auszuprägen. Unterarmstütz, Ausfallschritte oder Standwaagen würden beispielsweise auf dem Tagesplan stehen, um insbesondere die Körpermitte zu stärken. Doch bei diesen Übungen stehen wieder einmal die Muskeln im Vordergrund. Betrachten wir nun das Problem der Instabilität im Zusammenhang mit dem Neuroathletiktraining, so ergeben sich völlig neue Lösungsansätze in der Praxis: Trainer würden unseren Hobbysportler hier beispielsweise schniefen lassen.

Was zunächst sehr bizarr klingt, hat einen ganz simplen Hintergrund: Hält man sich ein Nasenloch zu, schnieft dann und versucht, möglichst viel Luft einzuziehen, so aktiviert man damit ein bestimmtes Areal des Gehirns. Dieses kontrolliert unseren Kopf, unsere Augen und die Wirbelsäule und ermöglicht es, Bewegungen stabiler und sicherer auszuführen, wenn es aktiv beansprucht wird.

Und das war nur ein Beispiel von vielen. Für fast

jedes Problem, dass beim individuellen Training auftritt – unabhängig von der ausgeübten Sportart oder Bewegung –, lässt sich im NAT mindestens eine Übung finden, die bei der Bewältigung helfen kann. Selbst dann, wenn man nach eigenem Befinden bereits alles Menschenmögliche probiert hat und noch keine signifikante Besserung erzielen konnte. Letzten Endes fällt alles auf einen Grundsatz zurück: Spielen sich im Gehirn fehlerhafte oder ausbaufähige Prozesse ab, so kann man körperlich keinen großen Fortschritt erzielen, egal, wie sehr man auch darauf hinarbeitet. Das trifft aber zum Glück auf jeden einzelnen Menschen gleichermaßen zu, weshalb jeder vom Neuroathletiktraining profitieren kann. Lassen Sie sich also nicht davon verunsichern, wenn Sie bisher noch nicht viel davon gehört haben und nun lesen, dass dieses immer häufiger im Profisport Anwendung findet – Luft nach oben gibt es schließlich immer, selbst unter Athleten.

Diese haben einen völlig anderen Zugang zu dem Training, sie werden von Experten begleitet und die Übungen sind perfekt auf die Anforderungen ihrer jeweiligen Sportart und das eigene, einzigartige Neuroprofil abgestimmt. Da die Aufgaben aber sehr vielfältig und vor allem einfach anzuwenden sind, ist auch für Ihren Fortschritt etwas dabei. Und das Gute dabei ist, dass keinerlei Risiko für Sie besteht. Anders als beispielsweise beim Kreuzheben, wo man sich bei falscher Ausführung äußerst schmerzhafte Verletzungen des Rückens zuziehen kann, so können Sie beim NAT nichts falsch machen, wobei auch? Schniefen oder Übungen, bei denen man auf einem Handtuch balanciert oder sich ein Auge zuhält, haben noch niemandem geschadet. Also scheuen Sie sich nicht, es auszuprobieren, es kann nur zu Ihrem Vorteil ausgehen!

Die Brücke zwischen Wissenschaft und Sport

D och, bevor wir über die Praxis sprechen, sollten wir uns zunächst damit beschäftigen, was Sportler von der Neurowissenschaft lernen können.

Diese umfasst ein breit gefächertes Themengebiet, welches sich über die gesamten Naturwissenschaften erstreckt: Durch die vielfältigen Methoden wird neurowissenschaftliche Forschung unter anderem in der Biologie, der Psychologie, der Mathematik oder auch der Informatik betrieben. Als gemeinsamen Nenner haben sie alle die Erforschung des Aufbaus und der Funktionsweise von Nervensystemen aller Art. Untersucht wird also deren Rolle bei sämtlichen Lebensvorgängen biologischer Organismen und wie sich diese (unter anderem durch Technologie) nachvollziehen und auch nachahmen lassen können.

Die Aufgaben unseres menschlichen Nervensystems lassen sich dabei grob in drei Aspekte einteilen:

1. Die Informationen aus all unseren Sinnesorganen bündeln, dies umfasst also sämtliche internen und externen Einflüsse.

2. Diese müssen dann zusammengefasst betrachtet werden, vorrangig in Bezug auf die Frage, ob die jeweilige Situation unser Überleben und unsere Sicherheit bedrohen könnte oder nicht.

3. Je nachdem, wie die Antwort ausfällt, muss nun eine Handlungsentscheidung getroffen werden. Diese resultiert in der Regel in der Ausführung von Bewegungen.

Ein Beispiel: Ihr Körper registriert, dass Ihr sogenanntes Hungerzentrum im Hypothalamus Hormone ausschüttet und der Blutzucker fällt. Diese Entwicklung bewertet es nun als Hunger und signalisiert dem Körper, dass es Zeit für eine erneute Nahrungsaufnahme ist. Ist die Situation nun sicher und es ist in Ihrem Umfeld keine Bedrohung erkennbar, so trifft es die Entscheidung, zu essen. Sie gehen folglich zu einer Nahrungsquelle, beispielsweise der heimischen Küche, und führen dort gezielt die Bewegungen aus, die Sie benötigen: Bereits vorgekochtes Essen auf einem Teller anrichten, dieses in der Mikrowelle erwärmen, den Teller nehmen, die voll beladene Gabel zum Mund führen und letzten Endes essen.

Die Forschungsrichtungen der Neurowissenschaft, welche sich konkret mit der Funktionsweise der Gehirne von Primaten, also Affen und Menschen, befassen, werden im allgemeinen Sprachgebrauch unter dem Begriff Hirnforschung zusammengefasst. Auf dieser basiert auch das Neuroathletiktraining.

Die Faszination an der Funktionsweise des menschlichen Gehirns reicht bereits über 5000 Jahre zurück. Einige Funde in Ägypten belegen die Durchführung operativer Eingriffe in das zentrale Nervensystem, von denen man sich damals Antworten auf die vielen offenen Fragen erhoffte. Neben der Grundlagenforschung an sich wird die Hirnforschung aber auch unter anderen Gesichtspunkten betrieben: für die Erkenntnis über Ursachen und mögliche Heilungsmethoden für Nervenkrankheiten wie Parkinson und Demenz, für das Verständnis der neuronalen Abläufe bei unserer Wahrnehmung oder auch für die Entstehung von Emotionen. Auch philosophische Phänomene wie das Konzept des Bewusstseins werden behandelt.

Unser Gehirn ist ein kleines Wunderwerk, welches aus ca. 100 Milliarden Nervenzellen, den sogenannten Neuronen, besteht. Diese befinden sich in ständigem Austausch miteinander und schicken Informationen über mehr als 100 Billionen Synapsen an die zuständigen Areale des Hirns. Es steuert wie eine Kommandozentrale jeden einzelnen Aspekt unseres Daseins: die unterbewussten Vorgänge wie Atmung oder Blinzeln, die Ausprägung unserer individuellen Charakterzüge oder auch die Bewältigung der externen Gegebenheiten aus unserer Umwelt. Wir können uns orientieren, mit anderen Menschen in unterschiedlichen Sprachen kommunizieren und wir wissen, wie wir uns an vielfältige Gegebenheiten anzupassen.

Die Hirnforschung wird zwar schon seit Jahrhunderten betrieben, allerdings ließen sich in den letzten Jahren signifikante Fortschritte feststellen. Diese wurden zum Großteil durch zwei Faktoren erzielt: einerseits das stets wachsende Wissen über molekularbiologische Vorgänge und andererseits die Weiterentwicklung der bildgebenden Verfahren wie CT oder MRT. Diese ermöglichen es den Wissenschaftlern, die Vorgänge im Gehirn anhand erhöhter Durchblutung bestimmter Areale sowie größerer Stoffwechselaktivität messen zu können und dann am Computer dreidimensional darzustellen. Da dem Gehirn so im Grunde live beim Denken zugesehen werden kann, können Schlüsse daraus gezogen werden, wie beispielsweise die Bewegungssteuerung oder auch die Nutzung unserer Sprache abläuft. Welche enorme Entwicklung dies darstellt, wird noch deutlicher, wenn man bedenkt, dass sich die Hirnforschung noch vor 150 Jahren mit den Informationen begnügen musste, die man bei der Obduktion von Verstorbenen und der Analyse der toten Gehirne gewinnen konnte.

Welche konkreten Auswirkungen Sport auf unser Gehirn hat, war bereits der Gegenstand zahlreicher Studien. Er hilft uns dabei, Stress abzubauen und eine Verschnaufpause von den Problemen und Sorgen des Alltags einzulegen. Unser Gehirn ist währenddessen vorrangig damit beschäftigt, sich auf die korrekte Ausführung unserer Bewegungen zu konzentrieren, und da wir das Beste aus unserem Work-out herausholen wollen, lassen wir auch nicht zu, dass sich ungewollte Gedanken einschleichen. Simplere Sachen rücken in den Fokus: Welches Gerät wir nutzen, welche Übung nun folgt, welche Route man beim heutigen Lauf nimmt oder auch der nächste Spielzug beim Volleyball-Training. Dies verschafft uns die Möglichkeit, nach dem Ende unseres Trainings mit neuem Elan an geistige Herausforderungen heranzutreten. Wenn der Fokus von der körperlichen Ertüchtigung wieder auf unsere alltäglichen Probleme rückt, dann können wir distanzierter auf diese blicken. Waren Sie zuvor wie festgefahren in Ihrer Denkweise und es war keine Lösung in Sicht, so fällt Ihnen jetzt vielleicht etwas ein, auf das Sie vorher nicht gekommen wären. Einfach, weil Sie durch den ganzen Stress kaum noch klar denken konnten – Sie kennen ja das Sprichwort: Manchmal sieht man den Wald vor lauter Bäumen nicht.

Welche weiteren Folgen Sport mit sich bringt, erforschte etwa eine Gruppe von Ulmer Neurowissenschaftlern unter der Führung von Susanna Stroth. Sie ließ junge Erwachsene ein Ausdauer-Lauftraining absolvieren, welches sich über mehrere Wochen erstreckte. Das Resultat: Das visuell-räumliche Gedächtnis und die Konzentrationsfähigkeit wurden verbessert. Außerdem wirkte sich das regelmäßige Laufen positiv auf die Stimmung der Probanden aus.

Dies sind aber nicht die einzigen Vorteile, die ein regelmäßiges Treiben von Sport mit sich bringt: So werden viele verschiedene Hormone ausgeschüttet, welche uns bei der Gewichtskontrolle, der Prävention von Krankheiten oder auch dem Muskelaufbau helfen. Ein interessantes Beispiel für ein Hormon, welches besonders unser Gehirn anspricht, wäre das noch sehr wenig bekannte Peptid YY. Auch wenn die genauen Zusammenhänge zwischen körperlicher Aktivität und seiner Ausschüttung noch nicht komplett bekannt sind, so haben Studien bereits belegt, dass Ausdauertraining unseren Peptid-YY-Spiegel erheblich anhebt. Dieses wirkt insbesondere auf die Hirnareale, die für die Kontrolle unseres Hungers und Appetits zuständig sind. Daraus resultiert, dass wir schneller satt werden und nach unserem Work-out weniger Hunger verspüren.

Weiterhin wird das Gehirn durch Bewegung besser mit Sauerstoff versorgt, was die Bildung neuer Gehirnzellen anregt. Die Konzentration, Leistungsfähigkeit und unser Gedächtnis werden verbessert und Müdigkeit verhindert. Wird nun regelmäßig Sport getrieben, so gewöhnt sich das Hirn mit der Zeit an die bessere Durchblutung, was wiederum die Verbindungen zwischen den Zellen fördert. Zusätzlich werden Wachstumshormone ausgeschüttet, was wie eine Verjüngungskur wirkt. Serotonin und Dopamin bescheren uns Glücks- und Belohnungsgefühle und motivieren uns so, weiterzumachen.

Man kann also schlussfolgern, dass zwischen dem Gehirn und der körperlichen Bewegung eine positive Wechselwirkung besteht: Unser Gehirn ermöglicht uns die Bewegungen und hilft uns, diese optimal auszuführen und die Aktivität wiederum hält unser Gehirn fit und steigert seine Leistung. Setzen wir dort mit dem Neuroathletiktraining an, so können wir diesen Effekt noch zusätzlich verstärken, da das Gehirn gezielt trainiert wird und nicht bloß als Resultat unseres täglichen Lebens.

Die drei Bewegung steuernden Instanzen

D as Neuroathletiktraining konzentriert sich dabei insbesondere auf die drei Bewegungsteuernden Instanzen unseres Nervensystems: die Eigenwahrnehmung, den Gleichgewichtssinn und die Augen zusammen mit der Sehbahn.

Werfen wir also einen Blick auf die Grundlagen unserer motorischen Handlungen.

DAS PROPRIOZEPTIVE SYSTEM

Bei der Eigenwahrnehmung spricht man in Fachkreisen von dem propriozeptiven System (aus dem Lateinischen: proprius = eigen, recipere = aufnehmen). Im Gegensatz zu den anderen beiden Instanzen lässt sich diese nicht eindeutig lokalisieren, da sie keinem bestimmten Sinnesorgan angehört. Vielmehr findet die Eigenwahrnehmung über zahlreiche Rezeptoren (Propriozeptoren) statt, die über den ganzen Körper verteilt sind. Man findet sie beispielsweise in Gelenkkapseln, Sehnen, Muskeln und Bändern. Ein weiterer Unterscheidungspunkt ist, dass über dieses Wahrnehmungssystem nicht vorrangig die Eindrücke aus der Umwelt, sondern aus dem Körperinneren selbst aufgenommen und verarbeitet werden.

Die Propriozeption umfasst dabei die Wahrnehmung der Lage unseres Körpers im Raum, unsere Bewegungen, die Stellungen unserer Gelenke und Gliedmaßen sowie die Anforderungen, die bei der Ausführung bestimmter Aktivitäten benötigt werden. Selbst wenn wir schlafen, spielt sie eine große Rolle: Wir könnten sonst nicht einschätzen, wo wir uns gerade im Bett befinden und würden schlimmstenfalls herausfallen, da der Abstand zur Kante zu gering wäre.

Die Eigenwahrnehmung lässt sich in vier Bereiche aufteilen:

1. **Der Stellungssinn**: Wir spüren auch mit geschlossenen Augen oder in der Dunkelheit (also ohne visuelle Reize), wo sich unsere Gliedmaßen befinden, und können beispielsweise unsere rechte Hand problemlos zu unserem linken Knie führen.

2. **Der Spannungssinn**: Wir können unsere Muskelspannung bewusst beeinflussen. Dies ermöglicht es uns beispielsweise, bei einem Handstand die Position beizubehalten, indem wir die Körperspannung so dosieren, dass wir weder nach vorn überkippen noch absetzen müssen. Ein erfolgreich ausgeführter Radschlag wäre ebenfalls dem Spannungssinn zu verdanken.

3. **Der Kraftsinn**: Wir können abschätzen, wie viel Muskelkraft bei bestimmten Bewegungen aufgebracht werden muss. So müssen wir beispielsweise bei dem Öffnen einer Tüte unserer Lieblingssüßigkeiten durch das Auseinanderziehen der Verpackung genau das richtige Maß an Kraft aufbringen, damit sich ein kleines Loch bilden kann, aber sie nicht gleich komplett zerreißt und alles herausfällt.

4. **Der Bewegungssinn**: Wir können auch ohne visuellen Kontakt zu unseren Gliedmaßen die Geschwindigkeit und die Richtung unserer Bewegungen bestimmen, beispielsweise beim Tanzen.

Man kann also festhalten, dass dieses System ununterbrochen detaillierte Informationen liefert und dabei unabhängig von visuellen Eindrücken arbeiten kann. Welche große Bedeutung dieses hat, zeigt beispielsweise die von Arte coproduzierte Dokumentation „Unser geheimer 6. Sinn", die sich unter anderem auch mit Störungen der Propriozeption beschäftigt. Deren Recherchen zufolge gibt es auf der Welt nur 5 Menschen, bei denen dieses Wahrnehmungssystem versagt. Das führt dazu, dass sie nicht wissen, wo sich ihre Arme oder Beine gerade befinden, wenn sie nicht hinsehen.

Jede Bewegung erfordert dann ein hohes Maß an Konzentration und Fokus, dennoch sind Verletzungen vorprogrammiert, da kein Empfinden vorhanden ist, was die Anpassung von Spannung und Kraftausübung regelt. Ohne Sichtkontakt sind sie außerdem nicht fähig, gezielte Bewegungen auszuführen. Nehmen wir als Beispiel das Besteigen einer Wendeltreppe: Jemand mit einer gestörten Propriozeption müsste seinen Fuß im Blick behalten, damit der Schritt auf die nächste Stufe möglich ist. Danach würde der Blick zu der Hand am Geländer wandern müssen, damit diese mitgeführt werden und für Stabilisation sorgen kann. In einer flüssigen Bewegung die Stufen zu erklimmen und sich dabei gleichzeitig festzuhalten, wäre nicht möglich.

Das verdeutlicht sehr anschaulich, was wir unserer Eigenwahrnehmung zu verdanken haben, auch wenn dies den meisten Menschen bisher nicht so bewusst war.

Das gezielte Training der Eigenwahrnehmung ist dementsprechend bedeutend für Leistungssportler, da es die Bewegungskoordination fördert und ihnen dabei hilft, neue Reaktionsmechanismen zu erlernen und zu festigen. Denn je besser die Informationen aus dem Körperinneren an unser Gehirn weitergeleitet werden, desto besser kann die jeweilige Bewegung auch ausgeführt werden. Die Resultate dieses Trainings sind für jeden gut sichtbar: So sieht beispielsweise bei professionellen Eiskunstläufern jede Drehung, jeder Sprung mühelos und kinderleicht aus, obwohl andere Menschen Probleme damit haben, sich auf Schlittschuhen überhaupt auf den Beinen zu halten.

DAS VESTIBULÄRE SYSTEM

Doch die faszinierende Funktionsweise unserer Propriozeption wäre nichts ohne unser vestibuläres System
(lat. vestibulum = Vorhof, griech. systema = Zusam-
menstellung) – den Sinn für Gleichgewicht. Was nützt
uns schon das Wissen, wo wir uns gerade befinden und
wie wir uns zu bewegen haben, wenn uns die Balance
fehlt und wir nicht gerade laufen, geschweige denn
stehen können?

Dieses System ist im Innenohr angesiedelt und befindet sich im sogenannten Felsenbein. Jedes Ohr verfügt also über ein Gleichgewichtsorgan, welches wiederum fünf Kernbestandteile hat:

• Die **Makulaorgane** Sacculus und Utriculus sind dafür zuständig, lineare Bewegungen des Kopfes zu verarbeiten, also vor/zurück, auf/ab, links/rechts. Dies erfolgt durch die Registrierung von Geschwindigkeitsän-
derungen in die jeweilige Richtung, wobei diese nicht
durch Kopfbewegungen ausgelöst werden müssen.
Wir registrieren sie bekanntermaßen ebenfalls, wenn
wir uns beispielsweise in einem fahrenden Aufzug befinden oder beim Autofahren beschleunigen.

• Die **drei Bogengänge** (vorderer, hinterer und horizontaler) wiederum ergänzen diese Informationen noch um Drehbewegungen, die jeden möglichen Winkel abdecken, in den wir den Kopf bewegen können. Als Beispiel für eine externe Stimulation durch eine Geschwindigkeitsänderung lässt sich hier beispielsweise ein Karussell aufführen, in dem wir uns kreisförmig drehen.

Daraus ergibt sich die Schlussfolgerung, dass unser vestibuläres System auf Beschleunigungen des Kopfes in eine bestimmte Richtung reagiert. Dies ermöglicht auch Schutzreaktionen, da beispielsweise bei einem Sturz, wo sich unser Kopf schnell nach unten bewegt, kurz vor dem Aufprall die Muskeln reflexartig angespannt werden. Der Körper wird so abgefangen und Verletzungen werden möglichst verhindert.

Weiterhin ist es auch dafür zuständig, die Bildinformationen, die durch die Augen an das Gehirn weitergeleitet werden, zu stabilisieren. Denn wenn wir beispielsweise vorwärtslaufen, so ist dies immer mit einer Auf- und Ab-Bewegung des Kopfes verbunden – würde unser vestibuläres System nicht optimal funktionieren, so würden dadurch die Bilder vor unseren Augen verschwimmen.

Für diese verschiedenen Aufgaben sind die drei sogenannten Vestibularreflexe zuständig:

1. **Der vestibulo-spinale Reflex**: Dieser steuert unsere Körperhaltung als Reaktion auf Kopfbewegungen
und bildet den Grundstein dafür, dass wir problemlos
stehen oder gehen können. Zusätzlich stabilisiert er
auch unseren Nacken und die Halsmuskulatur als
Stütze für unseren Kopf und reagiert bei einer Drehung
unseres Körpers mit einer Gegenbewegung, um die
Stabilisierung unserer Blickachse zu fördern.

2. **Der vestibulo-okuläre Reflex**: Er sorgt dafür, dass
unsere Augen sich entgegengesetzt zu unserem Kopf
bewegen, damit fixierte Objekte im Blickfeld bleiben.
Sehen Sie sich einmal in Ihrem Umfeld um und fokussieren Sie dann eine bestimmte Sache. Nun drehen Sie
Ihren Kopf in eine beliebige Richtung und Sie können
feststellen, dass Ihre Augen diese Sache nicht verlassen
werden, egal, wohin Sie Ihren Kopf drehen und wie
schnell (solange dies im Rahmen des Möglichen bleibt,
versteht sich). Sollten Sie jedoch bei schnellen Bewegungen Schwindel, ein unscharfes Bild oder auch
Gangunsicherheiten feststellen, so deutet dies auf eine
Störung dieses Reflexes hin, die behandelt werden
sollte.

3. **Der vestibuläre Nystagmus**: Dieser Reflex ist ähnlich wie der eben erwähnte vestibulo-okuläre Reflex und regelt die langsame, zur Bewegung des Kopfes entgegengesetzte Augenbewegung, um unser ursprüngliches Blickfeld beizubehalten.

Er befasst sich allerdings nicht mit dem Fokus auf ein bestimmtes, fixiertes Objekt, sondern mit dem allgemeinen Blick durch den Raum. Kurz vor dem Maximalausschlag erfolgt eine kleine Korrekturbewegung, die es uns erlaubt, unseren Kopf weiterzudrehen. Sehen Sie nun nach vorn, dies ist das Sichtfeld, auf das Sie sich kurz konzentrieren wollen. Drehen Sie langsam den Kopf zu einer Seite, ohne das Sichtfeld aus den Augen zu verlieren. Sie werden merken, dass dies mit der zunehmenden Drehung immer schwieriger wird und wie Ihre Augen kurz vor Anschlag automatisch ein kleines Stück weiter springen werden, um das Blickfeld wieder zu erweitern.

Wenn es nun darum geht, unser Gleichgewicht zu trainieren, so denkt man wahrscheinlich zuerst an das Schaffen eines unebenen Untergrunds, eine gezielte Instabilität, an die sich der Körper dann anpassen muss. Wackelbretter, Matten oder Bälle kommen zum Einsatz. Bevor man aber mit solchen Übungen beginnt, sollte man sich erst der Ursache der fehlenden Balance bewusst werden. Diese beginnt nämlich, wie alle anderen Prozesse auch, in unserem Gehirn. Dieses steuert unsere Fähigkeit zur postularen Kontrolle, also dem Vermögen, unsere Körperhaltung unter dem Einfluss der Schwerkraft aufrechtzuerhalten. Diese Kontrolle wird erreicht, indem die Muskelspannung jederzeit an die entsprechenden Anforderungen angepasst wird und dadurch unseren Körper automatisch ausbalanciert, egal, ob wir uns in einer statischen Haltung befinden (also stehen) oder in einer dynamischen Bewegung.

So wird ein fließendes Gleichgewicht hergestellt, dass die auf den Körper einwirkenden Kräfte stets aufeinander abstimmt: Die internen Kräfte, also unsere eigenen Bewegungen, orientieren sich dabei an den externen, also der Schwerkraft und weiteren Umständen, z. B. der Beschaffenheit des Untergrunds. Der Schwerpunkt wird entsprechend bei jeder neuen Bewegung verlagert, damit wir nichts von unserer Bewegungsfreiheit einbüßen müssen.

Deswegen sollte das individuelle Balancetraining immer zuerst bei der Optimierung unserer neuronalen Prozesse und Funktionen ansetzen, bevor man sich vorrangig auf die externen Einflüsse konzentriert.

DAS VISUELLE SYSTEM

Zu guter Letzt folgt das visuelle System (lat. videre, visum = sehen), welches hauptsächlich in unseren Augen angesiedelt ist und uns ermöglicht, unser Umfeld überhaupt erst optisch wahrzunehmen. Beim Sehen werden bis zu 34 Areale unseres Gehirns angesprochen, was es so wichtig für die Steuerung unserer Bewegungen macht: Es wird angenommen, dass zwischen 60 und 80 Prozent unserer Bewegungsentwürfe von den Informationen, die unser visuelles System aufnimmt und verarbeitet, abhängen.

Der Aufbau des kompletten Systems ist hochkomplex, da es alle organischen und nervlichen Bestandteile umfasst, die an der Aufnahme und Verarbeitung von optischen Eindrücken beteiligt sind. Wir können es grob in zwei Bestandteile unterteilen:

1. **Das Auge als optischer Apparat**. Zu seinen Bestandteilen zählen beispielsweise die Linse, der Glaskörper und die Netzhaut. Hier wird durch die Linse das Licht, welches durch die Hornhaut und die Pupille dringt, gebündelt und auf die Hinterseite des Auges projiziert. Dort kann nun die Netzhaut ein scharfes Bild daraus generieren. Diese enthält Stäbchen- und Zapfenzellen, welche auf verschiedene Lichtreize

reagieren. Stäbchen erfassen dabei Helligkeitsunterschiede, ermöglichen uns das Sehen in der Dämmerung und bei Nacht sowie das Bewegungssehen. Zapfen hingegen sind für die Farbwahrnehmung und dafür, dass wir unsere Umgebung scharf sehen können, verantwortlich.

2. **Der neuronale Teil** des visuellen Systems. In der Netzhaut befinden sich Ganglienzellen, welche wiederum in den Sehnerv übergeben. Ab hier beginnt die Informationsübermittlung über die Sehbahn – der Nerv leitet die Daten zunächst Richtung Gehirn, wo diese dann in der Sehrinde (visueller Cortex) sowie Teilen der Hirnrinde weiterverarbeitet werden. Ein Teil der Nervenzellen unserer Netzhaut endet in der Hirnanhangdrüse, wo die Reflexe unserer Augen geregelt werden, beispielsweise die Pupillenweitung je nach Lichteinfall. Die anderen Nervenstränge überkreuzen sich, das bedeutet also, dass die Informationen des linken Auges in der rechten Gehirnhälfte verarbeitet werden und umgekehrt.

Für die Qualität dieser verarbeiteten Informationen sind viele verschiedene Prozesse zuständig, die wiederum größtenteils von der neurologischen

Beschaffenheit unserer Augen, Nerven und letztendlich auch von den anderen beiden Bewegung-steuernden Instanzen abhängig sind: Dazu gehören zum Beispiel die Funktionalität unseres Gleichgewichtssystems (insbesondere des vestibulo-okulären Reflexes), die Koordination unserer 12 Augenmuskeln durch das Kleinhirn sowie die neuromechanische Qualität unseres Sehnervs.

Doch der große Stellenwert unseres visuellen Systems kann auch genauso große Nachteile mit sich bringen, was sich gerade bei Leistungssportlern zeigt: Unser Gehirn muss, wie Sie ja bereits gelernt haben, in jeder Situation eine Gefahreneinschätzung vornehmen. Das erfolgt zum Großteil über die visuellen Reize, da diese die direkteste und aussagekräftigste Verbindung zwischen unserem Gehirn und unserer Umwelt sind. Dazu benötigt es möglichst viele und qualitativ hochwertige Informationen. Ist diese Reizaufnahme oder -weitergabe auch nur geringfügig gestört, so kann dies weitreichende Auswirkungen haben: Das Gehirn kann diese Prognose nun nicht mehr sicher vornehmen, die Leistungsfähigkeit wird gekappt.

Um diesem Problem entgegenzuwirken, ist eine Überprüfung unserer Augen unerlässlich – dabei reicht es allerdings nicht, regelmäßig zum Arzt zu gehen und unsere Sehfähigkeit kontrollieren zu lassen. Auch ein gezieltes Augentraining ist notwendig, da es neben der bloßen Fähigkeit zur Einschätzung unseres Umfelds auch dabei hilft, dies möglichst schnell zu tun und so optimal reagieren zu können. Gerade im Mannschaftssport ist ein gut ausgeprägtes visuelles System von großer Bedeutung: Fußballer müssen beispielsweise beim Laufen gleichzeitig ihr Umfeld und die anderen Spieler genau im Blick haben, um entscheiden zu können, wem sie den Ball als Nächstes zuspielen oder ob es doch sinnvoller ist, selbst zu versuchen, ein Tor zu schießen. Lange nachdenken können sie dabei nicht, denn manche Entscheidungen müssen im Bruchteil einer Sekunde gefällt werden, um das bestmögliche Ergebnis für die Mannschaft zu erzielen.

Das Augentraining sollte daher bei Sportlern folgende Resultate erzielen:

• gut kontrollierbare Augenbewegungen,

• eine optimale Verzahnung mit der Propriozeption: Der Sportler sollte seinen Standpunkt im Raum sowie die Tiefenrelation zu Objekten in seinem Umfeld sicher einschätzen können.

• visuelle Klarheit und

• eine gute periphere Wahrnehmung, also die Fähigkeit, Sachen zu erkennen, die sich am Rande unseres

Sichtfeldes befinden.

Letztere liefert zwar leicht verzerrte Eindrücke und eine geringere Sehschärfe, allerdings werden Bewegungen viel effizienter wahrgenommen. Taucht plötzlich etwas oder jemand am Rande unseres Blickfeldes auf, so werden diese neuen Informationen gegenüber den Eindrücken, die direkt vor uns liegen, priorisiert und wir lenken unsere Aufmerksamkeit auf sie. Es wird davon ausgegangen, dass 98 % unserer visuellen Informationen unscharf sind, also sich am Rande unseres Sichtfeldes abspielen. Dies hat seinen Ursprung in der Evolution, denn unsere Vorfahren lebten in ständiger Gefahr. Da unser scharfes Sichtfeld nur einen kleinen Teil unserer direkten Umgebung abdeckt, war es also besonders wichtig, auch Sachen bemerken zu können, die sich nicht direkt vor uns abspielen. Ohne peripheres Sehen hätten sonst viele Situationen den sicheren Tod bedeutet, da ein sich nähernder Feind nicht rechtzeitig gesehen worden wäre. Mittlerweile haben sich zwar die Lebensumstände komplett gewandelt, aber diese Fähigkeit ist nach wie vor unerlässlich für unsere Sicherheit.

Interessant ist auch die Durchführung des Augentrainings für Brillenträger. So wird empfohlen, es grundsätzlich ohne Brille durchzuführen, da sie stets eine visuelle Einschränkung bedeutet. Die Brille unterteilt dabei unser Sichtfeld in scharf und (deutlich) unschärfer, wenn wir über die Ränder hinausblicken. Da uns dies stört, versuchen wir, es zu vermeiden, und drehen eher unseren Kopf in die gewünschte Richtung, um alles scharf sehen zu können. Allerdings hat das zur Folge, dass wir unsere Augenmuskeln weniger beanspruchen, sie werden schwächer und lassen sich schwieriger koordinieren. Das kann sich auch auf unsere Haltung und die Qualität unserer Bewegungen auswirken. Brillenträger sollten daher im Allgemeinen immer auf Augentraining zurückgreifen, um die Augen trotz Sehschwäche noch zu fördern und die Situation nicht zusätzlich zu verschlimmern – unabhängig davon, ob sie Sportler sind oder nicht. Sie können auch Kontaktlinsen verwenden, um Ihr ganzes Sichtfeld uneingeschränkt nutzen zu können. Sollten diese aber für Sie keine Option sein und Sie sind ohne Sehhilfe zu stark eingeschränkt, um trainieren zu können, dann setzen Sie die Brille auf. Eingeschränktes Training ist immerhin besser als kein Training.

Zusammenfassend lässt sich festhalten, dass jede der drei Instanzen sehr beeindruckende Arbeit leistet und den Grundstein für das tägliche Erleben und

Erkunden unserer Umwelt legt. Trotzdem sind sie stets auf die Zusammenarbeit mit den jeweils anderen angewiesen: Man kann sich dabei jede Instanz als Zahnrad vorstellen. Sie sind für sich zwar ausgereift und funktionsfähig, allerdings sind sie erst im Gefüge und ineinander verzahnt dazu imstande, sich richtig zu drehen und ihre volle Wirkung zu entfalten.

Der Fokus beim Neuroathletiktraining sollte also nicht nur auf einem bestimmten Problem beziehungsweise einem System liegen, was vielleicht besonderer Aufmerksamkeit bedarf. Vielmehr sollten alle Instanzen berücksichtigt und trainiert werden, damit sie sich gegenseitig weiter fördern können.

Aufwärmen nicht vergessen

Nachdem Sie nun vieles über den Aufbau und die Funktionsweise unseres Nervensystems gelernt haben, wird es Zeit, dies auch in die Praxis umzusetzen.

Auch, wenn „nur" unser Gehirn trainiert wird und wir uns nicht durch dynamische Dehnübungen, lockeres Einlaufen oder Aufwärmsätze mit leichterem Gewicht warm machen müssen, so empfiehlt es sich, auch unser Hirn auf das kommende Training vorzubereiten. Unser Hirn sowie unser Geist sollten aufnahmefähig sein und konzentriert arbeiten können. Haben Sie allerdings regelmäßig den Kopf voll und Ihre Gedanken rasen von Problem zu Problem, so sollte dies zunächst im Fokus stehen und eine Lösung gefunden werden. Ob die Stromrechnung schon bezahlt ist, das Auto schon wieder zum TÜV muss oder wann Sie Ihre Freunde trotz vollen Terminkalendern wiedersehen können, sind zwar wichtige Aspekte Ihres Lebens, die Sie nicht einfach in den Hintergrund drängen können, allerdings sollte dafür gesorgt werden, dass diese Fragen Sie nicht ununterbrochen beschäftigen und Sie so daran hindern, sich auch einmal zu entspannen. Gerade mentale Entspannung ist für Ihr Training so wichtig, da Sie sich auf die korrekte Ausführung der Übungen konzentrieren wollen, um auch wirklich die gewünschten Ergebnisse zu erzielen.

Um Ihnen bei diesem gezielten, temporären Loslassen Ihrer Probleme unter die Arme zu greifen, befassen wir uns nun mit ein paar Tipps, die vor allem auf die folgenden zwei Aspekte abzielen: Ihre mentale Gesundheit und die physiologische Gesundheit Ihres Gehirns als Organ.

Mentale Gesundheit ist aber nicht nur das Fehlen einer psychischen Störung, sondern auch der Zustand eines allgemeinen Wohlbefindens. Neben Sport gibt es noch weitere Möglichkeiten, diese zu fördern. Einige

Beispiele dafür:

1. **Schreiben Sie Ihre Gedanken auf**. Dieses kann in einem Tagebuch, einem Blog oder auch über die Notiz-Funktion Ihres Telefons passieren. Einerseits laufen Sie so nicht Gefahr, wichtige oder vielversprechende Gedanken im Trubel des Alltags zu vergessen, und andererseits unterstützen Sie so zusätzlich das Gehirn, da Sie ihm durch das Niederschreiben ein Zeichen geben, dass diese bestimmte Sache wichtig ist. So wird gezielt verhindert, dass sie versehentlich vom Gehirn als unwichtig eingeordnet und in den Hintergrund gedrängt, wenn nicht sogar vergessen wird. Sie können Ihren Alltag von nun an stressfreier gestalten und haben alles Wichtige auf Abruf, wenn es benötigt wird.

2. **Suchen Sie sich ein Hobby, um Ihre Kreativität frei zu entfalten**. Die meiste Zeit des Tages verbringen wir mit Rationalität und Logik, wir haben meist starre Arbeitsweisen und strenge Vorgaben, an die wir uns halten müssen. So wird auch unsere Denkweise eingeschränkt, wir entwickeln mit der Zeit eine Art Tunnelblick. Gönnen Sie sich regelmäßig eine Auszeit davon und suchen Sie sich etwas, was Sie erfüllt: Malen Sie ein Bild, singen und tanzen Sie, schreiben Sie eine kurze Geschichte. Sie müssen dabei nicht perfekt sein

oder zwingend anderen gefallen, auch ein Ziel müssen Sie dabei nicht haben. Hauptsache, Sie haben Spaß.

3. **Meditieren Sie**. Ob durch einen Yoga-Kurs oder eine sitzende Meditation in Stille, Sie werden die positiven Auswirkungen bereits nach kurzer Zeit bemerken. So trainieren Sie Ihren Geist gezielt darauf, gleichzeitig völlige Ruhe in Ihre Gedanken einkehren zu lassen und andererseits Ihre volle Aufmerksamkeit auf eine bestimmte Sache zu lenken, beispielsweise Ihre Atmung oder ein Geräusch aus der Umgebung.

Sie können die Meditation frei nach Ihren Vorstellungen gestalten oder auch eine geführte befolgen, bei der Sie Schritt für Schritt angewiesen werden. Wichtig ist nur, dass Sie dies ohne Zeitdruck tun und bereit dafür sind, Ihren Geist zu öffnen.

4. **Klinken Sie sich aus**. Wir sind es gewohnt, ständig unter Druck zu stehen: Das Telefon ist oft in greifbarer Nähe, bei manchen schleicht sich ein unwohles Gefühl ein, wenn man nicht ununterbrochen erreichbar ist. Social Media begleitet uns auf Schritt und Tritt, wollen wir doch vernetzt sein und viel vom Leben unserer Freunde oder auch der für uns unerreichbaren Stars mitbekommen. Dadurch vergleichen wir uns aber

immer häufiger mit anderen, diese Scheinwelt fördert Leistungsdruck und Neid. Nehmen Sie sich bewusst die Zeit dafür, sich wieder auf das Wesentliche zu konzentrieren.

Haben Sie Ihren Soll für den Tag erfüllt, dann schalten Sie das Handy aus, gehen Sie vor die Tür und genießen Sie die schönen Anblicke, die einem entgehen, wenn der Blick auf dem Display kleben bleibt. Unternehmen Sie einen Spaziergang mit Ihren Liebsten und erfreuen Sie sich am Hier und Jetzt.

5. Planen Sie Zeit für sich in Ihren Terminplan ein. Viele neigen dazu, immer erst an die Bedürfnisse anderer Menschen zu denken und kommen dabei selbst zu kurz. Sei es nun im Job oder im Familienleben, es gibt immer etwas zu tun. Doch vergessen Sie in diesem Trubel nicht sich selbst, denn Sie leben nicht nur für andere. Mindestens 5 Minuten kann jeder täglich dafür opfern, sich um sich selbst zu kümmern.

Nehmen Sie sich also diese Zeit und machen Sie dann, was Sie wollen. Lesen Sie ein Buch, kümmern Sie sich ausgiebig um Ihren Körper und nehmen Sie ein langes Bad, schauen Sie eine Folge Ihrer Lieblingsserie oder liegen Sie auch nur auf der Couch, wenn Ihnen danach ist. Diese Zeit gehört vollkommen Ihnen, lassen Sie sich also nicht stören oder beeinflussen.

Probieren Sie sich also ein wenig aus und finden Sie heraus, was Ihnen hilft, sich wohlzufühlen.

Um nun dem Gehirn nicht nur auf psychischer, sondern auch auf physischer Ebene etwas Gutes zu tun, sollten Sie außerdem auf Folgendes achten:

• **Genügend und qualitativ hochwertigen Schlaf**. Ca. ein Drittel unseres Lebens schlafen wir, weswegen wir den Stellenwert keinesfalls unterschätzen sollten. Schlaf dient vorrangig zur Regeneration und Reparatur unseres Gehirns. Dies kann allerdings ausschließlich während dieser Zeit geschehen, da unser Nervensystem im Wachzustand damit überfordert wäre – man kann schließlich auch keinen Zug bei voller Fahrt gleichzeitig warten. Damit Ihr Hirn also in der Lage ist, die ganzen Informationen des vergangenen Tages optimal zu verarbeiten und Sie voll erholt in den nächsten Tag starten können, sollten Sie darauf abzielen, jede Nacht zwischen 7 und 8 Stunden zu schlafen.

Um das Beste aus Ihrem Schlaf herauszuholen, sollten Sie ein paar wesentliche Dinge berücksichtigen:
1. Sie sollten (wenn möglich) einen <u>geregelten Schlafrhythmus</u> besitzen, also immer ungefähr zur selben

Zeit ins Bett gehen und am nächsten Morgen aufstehen. Das sorgt dafür, dass Ihr Körper aus Gewohnheit zur selben Zeit automatisch müde wird, um sich auf den kommenden Schlaf vorzubereiten. Sie vermeiden so, ins Bett zu gehen und trotzdem noch lange wach zu liegen.

2. Schaffen Sie sich Ihr individuelles Schlafritual. Dieses sorgt für Ruhe und Entspannung in der Zeit vor dem eigentlichen Zubettgehen und hilft Ihnen dabei, noch leichter in den Schlaf zu finden. Dabei können Sie Ihre jeweiligen Vorlieben berücksichtigen: Beliebte Schlafrituale sind beispielsweise, Musik zu hören oder zu lesen. Sie sollten sich dabei jedoch darauf konzentrieren, Ihrem Hirn nicht mehr allzu viel zuzumuten. Nutzen Sie lieber leichte und entspannende Klänge oder Lektüre. Sollten Sie es gewohnt sein, mit einem laufenden Fernseher im Hintergrund einzuschlafen, so wäre es besser, lieber ein Hörbuch oder weißes Rauschen, Regengeräusche etc. abzuspielen. Das flackernde Licht des Fernsehers sowie die teilweise stark schwankende Lautstärke könnten den Ablauf der Schlafphasen stören.

3. Auch das Niederschreiben der Erlebnisse des Tages

kann Ihnen dabei helfen, die Eindrücke noch einmal kurz Revue passieren zu lassen und danach damit abzuschließen.

4. <u>Atemübungen und Entspannungsübungen</u> sind ebenfalls sehr förderlich für den Einschlafprozess und helfen zusätzlich dabei, die Empfindlichkeit für Anspannungen im eigenen Körper zu trainieren – manchmal merken Sie dabei, dass Sie schon seit längerer Zeit bestimmte Muskelgruppen angespannt hielten, ohne dies mitzubekommen (z. B. angespannter Kiefer, zusammengezogene Augenbrauen).

5. Achten Sie außerdem darauf, <u>2 bis 3 Stunden vor dem Schlafengehen keinen Sport</u> mehr zu machen, da Ihr Kreislauf und Ihr Stoffwechsel ansonsten noch zu angeregt sind, um sich herunterzufahren. Die gleiche zeitliche Marke gilt auch für die <u>Aufnahme größerer Mahlzeiten</u>, da sonst die noch arbeitende Verdauung unseren Schlaf stören kann.

6. Wenn Sie möchten, können Sie auch <u>Autosuggestion</u> einmal ausprobieren. Dabei reden Sie sich gedanklich bestimmte Dinge ein, beispielsweise *„Ich bin müde"*, *„Mein Körper ist völlig entspannt"* und *„Ich lasse*

jetzt sämtliche Anspannungen los". Klingt zwar etwas komisch, aber es funktioniert, solange Sie auch wirklich von dieser Aussage überzeugt sind und diese nicht anzweifeln oder nur als Mittel zum Zweck sagen. Geschieht dies aus dem vollständigen Glauben heraus, dass das Gesagte auch wirklich auf Sie zutrifft, dann trainieren Sie Ihr Unterbewusstsein. Dieser Teil unserer Psyche kann sonst nicht direkt von uns beeinflusst oder angesprochen werden, hat aber selbst einen großen Einfluss auf unser Leben.

Es sorgt dafür, dass viele Prozesse automatisch ablaufen, um unser Gehirn nicht zu überfordern (sonst müssten wir beispielsweise über jedes einzelne Blinzeln und jeden Atemzug gezielt nachdenken) und lernt dabei durch regelmäßige Wiederholungen. Reden Sie sich also oft genug ein, entspannt zu sein, so wird Ihr Unterbewusstsein mit der Zeit dafür sorgen, dass Sie nicht mehr zu solchen unerkannten, verkrampften Haltungen neigen werden und sich automatisch mehr entspannen. Sie werden tatsächlich einfacher einschlafen können.

• **Brain Food**:
Versorgen Sie Ihr Gehirn mit genügend wichtigen Nährstoffen und achten Sie auf eine gesunde,

ausgewogene Ernährung. Auch hier gibt es einige Tipps und bestimmte Nahrungsmittel, die besonders effektiv sind, sowie einige Gewohnheiten, die es zu vermeiden gilt.

Dies ist besonders wichtig, da viele Menschen mittlerweile Arbeiten ausführen, bei denen keine anstrengende körperliche Aktivität vonnöten ist, sondern eher eine geistige. Viele Stunden am Tag müssen Sie Probleme lösen, sich wichtige Daten merken und diese jederzeit abrufen können. Müdigkeit, Kopfschmerzen und eine beeinträchtigte Aufnahmefähigkeit sind oft die Folge. Um dieses in Zukunft bestmöglich zu vermeiden, sollten Sie Ihr Gehirn durch eine gute Nährstoffzufuhr tatkräftig unterstützen.

Merken Sie, dass Ihre Gehirnfunktionen kurzzeitig nachlassen, so liegt das oft an fehlenden Spurenelementen wie Kalium, Selen und Zink. Diesen Speicher können Sie beispielsweise mit Birnen, Nüssen, Knoblauch oder Spinat auffüllen.

Nüsse sind aber nicht nur reich an Spurenelementen, sondern enthalten auch wichtige E- und B-Vitamine und ungesättigte (gesunde) Fettsäuren. Diese stärken unser Gedächtnis und die Nervenfunktion, außerdem lassen sie uns besser lernen. Achten Sie allerdings darauf, Nüsse nur in Maßen zu essen, da diese sehr kalorienreich sind. Als kleiner Snack zwischendurch eignen Sie sich dafür sehr gut, gerade als Ersatz für Chips oder Gummibärchen. Auch Brokkoli, Fisch, Erdbeeren oder Avocados verbessern Ihre Gehirngesundheit.

Wir sollten außerdem zu gleichen Teilen auf die Art unserer Nahrung und die Art der Aufnahme achten:

1. Essen Sie regelmäßig. Wenige und dafür üppige Mahlzeiten können uns träge machen, der Körper muss viel Energie für die Verdauung aufwenden und wir brauchen erst einmal Zeit, bis wir uns danach wieder fit und leistungsfähig fühlen. Außerdem sinkt der Blutzuckerspiegel, wenn zu viel Zeit zwischen dem Essen liegt. Da dieser für eine optimale Gehirnleistung aber möglichst konstant bleiben sollte, sollten wir unserem Körper auch zwischendurch Nährstoffe zuführen. Ob Sie Ihre Mahlzeiten nun je nach Kalorienbedarf aufsplitten und statt drei festen Mahlzeiten nun beispielsweise fünf zu sich nehmen oder ob Sie sich gesunde Snacks einpacken (vorrangig Obst oder Gemüse), ist Ihnen überlassen.

Bananen eignen sich als Zwischenmahlzeit hervorragend, da sie neben wichtigen Nährstoffen wie Magnesium komplexe Kohlenhydrate enthalten, die unseren Blutzuckerspiegel nur langsam ansteigen und wieder fallen lassen. Bei einfachen Kohlenhydraten, beispielsweise stark zuckerhaltigen Süßigkeiten, schießt der Blutzucker in die Höhe und beschert uns so einen kurzfristigen Energieschub. Allerdings fällt dieser danach genauso schnell wieder ab, was Müdigkeit und Konzentrationsschwäche mit sich bringt.

2. Achten Sie auch darauf, <u>möglichst wenig verarbeitete Lebensmittel</u> bzw. Mahlzeiten zu konsumieren. Eine Tiefkühlpizza ist lecker und schnell zubereitet. Gerade, wenn man nach einem langen Tag von der Arbeit nach Hause kommt, klingt das nach einer verlockenden Alternative zum Kochen. Allerdings trügt der Schein – so besteht der „Schinken", der groß auf der Verpackung angepriesen wird, oft nur zu 50 bis 90 Prozent aus echtem Fleisch. Der Rest besteht aus Füllmasse und Wasser. Außerdem sind stark verarbeitete Lebensmittel zumeist mit viel Zucker, Fett, Salz und Konservierungsstoffen versetzt. Auch Farbstoffe und Stabilisatoren sind häufig auf der Inhaltsangabe zu finden – schließlich soll das Fertigessen schön angerichtet und appetitlich aussehen. Damit werden Ihrem Körper aber nicht nur unnötige Stoffe, sondern auch viel mehr Kalorien zugeführt, als Sie durch eine selbst zu-

bereitete Mahlzeit zu sich genommen hätten.

3. Wenn es aber doch mal schnell gehen muss, dann können Sie als Alternative zum Kochen beispielsweise Meal-Prepping betreiben – also verschiedene Gerichte gleich für mehrere Tage vorkochen, damit Sie immer eine vollständige Mahlzeit zur Verfügung haben und diese nur noch warm machen müssen, wenn der Hunger zuschlägt.

Dies ist aber wiederum sehr zeitaufwendig. Sollte das nicht in Ihren Terminplan passen, so kochen Sie nächstes Mal, wenn Sie Ihr Lieblingsgericht zubereiten, doch absichtlich etwas mehr und frieren Sie es ein, um es später genießen zu können.

4. Versuchen Sie also im Allgemeinen, mehr zu kochen. Dies spart nicht nur Geld, sondern macht auch Spaß und es gibt unzählige Gerichte für jeden Anforderungsgrad und jede Ernährungsweise. Bei einer idealen Mahlzeit sollten die drei Makronährstoffe Eiweiß, Kohlenhydrate und Fette ausgewogen auf unserem Teller zu finden sein. Ca. ein Drittel davon sollte mit einem Proteinlieferanten wie Fisch oder Huhn gefüllt sein, als Referenzgröße kann man sich dabei an der Größe und Dicke der eigenen Handfläche orientieren.

Die restlichen zwei Drittel sollten mit Kohlenhydraten aufgefüllt werden, die über einen niederen glykämischen Index verfügen, beispielsweise Quinoa, Vollkornnudeln oder -brot, Gemüse und Salat. Die Fette kann man entweder als 1 TL Öl (Olivenöl, Leinöl oder Ähnliches) über die Mahlzeit verteilt aufnehmen oder auch durch die Zugabe von Avocado oder Nüssen.

5. Nehmen Sie außerdem ein <u>Frühstück</u> zu sich, auch wenn dies manchmal schwer mit dem individuellen Tagesrhythmus zu vereinbaren ist. Manche Menschen haben früh morgens auch schlichtweg keinen Hunger. In diesem Falle sollten Sie sich auch nicht zu einem umfangreichen Frühstück aus Toast, Rührei und Saft zwingen.

Aber wenn Sie an eine morgendliche Tasse Kaffee gewöhnt sind, um Ihren Tag zu starten, dann essen Sie doch einfach eine leichte Kleinigkeit dazu, beispielsweise einen selbst zubereiteten Obstsalat oder auch etwas Naturjoghurt oder Skyr. Dies gibt Ihrem Gehirn und dem restlichen Körper genügend Energie und Leistungsfähigkeit, um in Schwung zu kommen und den Morgen gut nutzen zu können.

Außerdem sollten Sie stets genügend trinken, da bereits ein kleines Flüssigkeitsdefizit Müdigkeit und Konzentrationsschwierigkeiten bedeuten kann. Die optimale Menge pro Tag liegt bei 2 bis 2,5 Litern, weniger als 1,5 Liter sollten es nie sein. Haben Sie Probleme damit, diese Menge zu erreichen, so kann Ihnen eine regelmäßige Erinnerung auf Ihrem Handy oder auch eine Motivationsflasche helfen. Auf diesen ist in der Regel die jeweilige Milliliter-Anzahl in regelmäßigen Abständen vermerkt sowie eine Uhrzeit, zu welcher Sie bereits diese Menge an Flüssigkeit zu sich genommen haben sollten. Verzichten Sie jedoch so weit wie möglich auf stark zuckerhaltige Getränke wie Softdrinks, Säfte oder auch den übermäßigen Konsum von Alkohol. Vorrangig sollte auf Wasser (mit oder ohne Sprudel), stark verdünnte Säfte oder ungesüßten Tee zurückgegriffen werden.

Versuchen Sie, einen Teil dieser Tipps bestmöglich in Ihr Leben zu integrieren. Ihr Gehirn wird nun aufnahme- und leistungsfähiger sein, was die optimale Basis für das kommende Training bietet.

Get Started

Sie sind nun bestens informiert und können mit dem Neuroathletiktraining beginnen.

Bevor Sie jedoch mit den eigentlichen Übungen beginnen können, ist es wichtig, sich einen groben Überblick über den Stand Ihres Nervensystems zu verschaffen. Das Training kann nur dann seine volle Wirkung entfalten, wenn Sie wissen, wo Ihre Defizite liegen und wo Sie ansetzen müssen, um diese zu beheben.

Dies erreichen Sie durch die Strategie des „Testing und Retesting". Dabei führen Sie zunächst eine Basisübung aus, die Sie in Hinblick auf einen bestimmten Aspekt beobachten: Dies kann beispielsweise die Umsetzung Ihrer Kraft oder die Anzahl der Wiederholungen beim Krafttraining sein, aber auch Ihre Mobilität, Balance oder Ihr Fokus.

Führen Sie beispielsweise eine Standwaage durch, also stellen Sie sich aufrecht hin und lehnen Sie sich so weit wie möglich nach vorn, während Sie beide Arme und ein Bein ausstrecken. Versuchen Sie, zu balancieren und den Körper so waagerecht wie möglich zu halten. Führen Sie nun eine beliebige Übung aus dem Neuroathletiktraining aus. Hier würde sich beispielsweise anbieten, sich einen Fixpunkt zu suchen, der auf Augenhöhe liegt, diesen dann stets zu fixieren und dabei auf und ab zu wippen. Dies spricht vorrangig unser vestibuläres System an, dass nun die Aufgabe übernimmt, während dieser Wipp-Bewegung unseren Blick zu stabilisieren. Nach ca. 60 Sekunden führen Sie nun wieder eine Standwaage durch und bewerten den Unterschied zu vorher:

Fällt Ihnen die Übung leichter und Sie fühlen sich stabiler, ist sie neutral und es lässt sich keine Veränderung bemerken oder fällt Sie Ihnen schwerer? In letzterem Fall signalisiert Ihr Nervensystem Ihnen nun, dass es die Situation schlecht einschätzen kann und deswegen in den Sicherheits-Modus schaltet, um Sie vor Verletzungen zu bewahren. Das ist genau diese unbewusste Drosselung Ihrer Leistung, die wir bereits zuvor behandelt haben und die es zu erkennen gilt. Sie haben nun einen Schwachpunkt erkannt und wissen, was Sie in den nächsten Wochen besonders trainieren müssen.

Das Wichtigste ist, dass Sie nach der Durchführung der neuroathletischen Übung nicht lange warten, bevor Sie die Test-Übung durchführen. Unser Nervensystem reagiert sofort auf diese neuen Informationen und Sie sehen die Resultate im Gegensatz zu einer herkömmlichen körperlichen Betätigung sofort. Wartezeit würde so das Ergebnis nur verfälschen. Aber lassen Sie sich durch die schnellen Ergebnisse nicht zu sehr beflügeln, es ist trotzdem ein regelmäßiges Training notwendig, um langfristig eine Verbesserung zu erzielen. Empfohlen werden täglich 20 bis 30 Minuten intensives Neuroathletiktraining. Falls Ihr Nervensystem allerdings anfangs mit diesen vielen zusätzlichen Einflüssen überfordert ist und Sie sich unwohl fühlen, dann splitten Sie die Zeit lieber in 4 bis 6 kleinere Einheiten à 5 Minuten auf, die Sie über den Tag verteilt absolvieren.

Diese Grundsätze sollten Sie ebenfalls beachten:

• Unsere Bewegung-steuernden Systeme sind so eng miteinander verbunden, dass man mit einer Übung automatisch alle trainiert, selbst wenn der Fokus beispielsweise auf dem Gleichgewichtssinn liegt. Trotzdem unterliegen Sie durch Ihren jeweiligen Anteil an unserer Informationssammlung und -bildung einer Hierarchie:

Ganz oben steht das visuelle System, gefolgt vom vestibulären System und letztendlich der Propriozeption. Es ist daher sinnvoll, auch von oben nach unten zu trainieren, damit über das visuelle System die anderen beiden aufgewärmt und für die folgende Beanspruchung optimal vorbereitet werden. Dies ist aber kein Muss. Es kann auch passieren, dass Ihre Augen zu Beginn Ihrer neuen Routine schnell überlastet sind und Ihr Körper stark auf das visuelle Training reagiert, beispielsweise in Form von Schwindel oder verschwommener Sicht. Sollte Ihnen also unwohl werden, dann befolgen Sie die Hierarchie von unten nach oben und wärmen Sie so Ihre Augen auf. Machen Sie also langsam und folgen Sie den Signalen Ihres Körpers. Das NAT sollte zu keiner Zeit zu Unwohlsein oder Schmerzen führen.

• Wenn Sie an einem Tag bei einer Übung ein positives Feedback Ihres Gehirns erleben, am nächsten Tag aber auf einmal ein negatives, dann seien Sie nicht verunsichert. Sie machen nichts falsch bei Ihrem Training.

Diese Unterschiede sind dadurch bedingt, dass die Umstände für unser Gehirn – genau wie bei unserem restlichen Körper – jeden Tag variieren. Einen Tag sind sie topfit und könnten Bäume ausreißen, am nächsten Tag haben Sie vielleicht schlecht schlafen können oder Sie haben Ihrem Körper zu wenige Nährstoffe zugeführt, was zu einer schlechteren Leistung führt.

Diese Schwankungen sind normal. Konzentrieren Sie sich einfach an solchen Tagen auf andere Übungen, die Ihnen wieder andere Schwachstellen aufzeigen – das Neuroathletiktraining sollte flexibel sein und keinem starren Ablauf folgen, der immer aus denselben Aufgaben besteht. Das Gehirn will schließlich immer neu gefordert werden und sich nicht nur an die Einflüsse gewöhnen.

Es lohnt sich, Testing und Retesting mit jeder neuroathletischen Übung durchzuführen, die Sie in Ihr Training einbauen wollen. Erstellen Sie sich als Ergänzung dazu am besten eine Übersicht, auf der Sie die jeweilige Übung, das Ergebnis und das Datum vermerken. Kontrollieren und vergleichen Sie Ihre Notizen in regelmäßigen Abständen, beispielsweise im 2-Wochen-Takt. Zur besseren Verdeutlichung können Sie sich auch bei der Ausführung der Übungen filmen und

Ihre Haltung vergleichen – Sie werden nicht nur aus der Eigenwahrnehmung Ihres Körperverhaltens heraus einen großen Unterschied spüren, sondern diesen auch von außen deutlich sehen können. Alternativ können Sie sich einen Trainingspartner suchen, der dabei genau auf Sie achtet. Es bedarf dabei nicht zwingend eines geschulten Trainerauges, auch Laien können oft die Unterschiede erkennen, wenn sie Sie beobachten.

Der Großteil der Übungen des Neuroathletiktrainings lässt sich ohne Ausrüstung absolvieren, aber folgende Hilfsmittel werden benötigt:

- Ein Lineal, Stift oder Ihre Finger: Bei den meisten Aufgaben benötigen Sie mindestens einen Fixpunkt, den Sie während der Ausführung stets fokussieren sollen (was wieder den enormen Anteil unserer Augen bei der Bewegungssteuerung verdeutlicht). Am gängigsten ist dabei ein beliebiger Buchstabe, denn bei Buchstaben lässt sich viel schneller und leichter erkennen, wann unsere Sicht unscharf wird, weswegen auch Optiker bei Sehtests oft darauf zurückgreifen. Diesen können Sie auf ein Lineal, einen Stift oder auf einen Fingernagel schreiben. Alternativ können Sie diesen auf ein Blatt Papier drucken und an einer Wand befestigen, allerdings sind die anderen Varianten meist effektiver.

Für eine Anpassung der Schwierigkeit vergrößern (einfacher) oder verkleinern (schwerer) Sie den Buchstaben einfach.

- Sollten Sie nach einiger Zeit anspruchsvollere Methoden in Ihren Trainingsplan integrieren wollen, dann können Gymnastikbälle oder Wackelbretter helfen. Dieses gewollte Schaffen eines instabilen Untergrunds liefert Ihrem Gehirn völlig neue Eindrücke und baut Ihren bisherigen Fortschritt weiter aus. Allerdings sollten Sie zuvor dafür sorgen, dass Ihre einzelnen Instanzen gut trainiert sind und das Nervensystem sich sicher genug fühlt, um sich mit voller Leistung auf diese neuen Situationen einzulassen.

- Widerstandsbänder. Diese helfen Ihrem Gehirn zusätzlich bei der Kontrolle der Bewegungen.

Suchen Sie sich nun bestimmte Übungen aus, mit denen Sie gut vertraut sind und beginnen Sie mit dem Testing und Retesting.

Hier eine beispielhafte Übersicht, wie Sie die einzelnen Bewegung-steuernden Systeme ganz einfach testen können:

• **Visuelles System**: Da der Großteil unseres visuellen Inputs über unsere Peripherie stattfindet, ergibt es am meisten Sinn, diese zum Testen zu nutzen. Suchen Sie sich hierfür einen Trainingspartner, der Ihnen hilft. Führen Sie nun eine bestimmte Aufgabe aus, die Sie sicher beherrschen. Das kann beispielsweise Jonglieren oder Seilspringen sein. Führen Sie die Übung erst für eine Weile normal aus, bis Sie gut in den Bewegungsablauf hineingefunden haben. Bewerten Sie nun auf einer Skala von 1 bis 10, wie leicht Ihnen die Ausführung fiel.

Beginnen Sie wieder mit der Übung, denn nun kommt Ihr Partner ins Spiel, der sich seitlich von Ihnen positioniert und abwechselnd eine verschiedene Anzahl an Fingern hoch zeigt. Konzentrieren Sie sich weiterhin vollkommen auf die Aufgabe, Ihr Blick weicht nicht zu der Hand Ihres Partners. Sagen Sie nebenbei laut die Zahlen an, die Ihnen gezeigt werden. Halten Sie nach 30 bis 60 Sekunden kurz inne, Ihr Partner kann sich nun wieder so hinstellen, dass er Sie gut im Blick hat. Führen Sie nun ein letztes Mal die Basisübung durch und bewerten Sie die Leichtigkeit der

Ausführung erneut. Auch Ihr Partner wird unter Umständen eine Veränderung sehen können und Ihre Auffassung bestätigen. Notieren Sie sich das Ergebnis.

• **Gleichgewichtssystem**: Eine der Hauptaufgaben unseres vestibulären Systems ist die Blickstabilisierung, visuelle Schärfe sollte bei jeder erdenklichen Kopfbewegung gewährleistet sein. Suchen Sie sich auch hier wieder Ihren Partner, denn dieser kann das eventuelle Flattern Ihrer Augen viel schneller und deutlicher bemerken als Sie selbst.

Bei folgender Übung testen wir den horizontalen Bogengang durch eine Drehung des Kopfes nach rechts oder links: Sie brauchen zunächst Ihren Buchstaben, also Stift/Lineal/Finger. Strecken Sie nun einen Arm nach vorn aus und halten Sie den Buchstaben ungefähr auf Höhe der Augen. Fokussieren Sie ihn und drehen Sie dabei den Kopf so weit, dass es gerade noch möglich ist, dass beide Augen den Buchstaben sehen können. Schließen Sie nun die Augen und führen Sie den Kopf langsam (für die Bewegung sollten Sie ca. 5 Sekunden brauchen) wieder zurück zur Mitte. Wiederholen Sie diesen Vorgang fünf- bis zehnmal mit jeder Seite. Sollte der Buchstabe verschwimmen, so deutet das auf Defizite Ihres vestibulären Systems hin.

• **Propriozeptives System**: Es gibt zahlreiche Möglichkeiten, Ihre Eigenwahrnehmung zu testen. Nehmen wir zum Beispiel Ihre Tiefenwahrnehmung: Hier geht es darum, zu beobachten, ob Sie eine bestimmte Bewegung mit offenen und mit geschlossenen Augen vergleichbar ausführen können oder ob Ihre Muskelhaltung stark abweicht, wenn der visuelle Input wegfällt. Filmen Sie die Bewegung oder lassen Sie sich beobachten. Strecken Sie nun den rechten Arm nach rechts von Ihrem Körper weg, führen ihn nach oben, sodass er neben Ihrem Kopf senkrecht steht und danach nach vorne, bis er sich in einem rechten Winkel zum Rest des Körpers befindet. Abschließend können Sie ihn von da aus wieder nach rechts in die Ausgangsposition zurückführen und erhalten so eine flüssige Bewegung, die Sie am besten ein paar Mal mit jedem Arm wiederholen. Mit geschlossenen Augen sollte dies im Regelfall sehr ähnlich aussehen.

Sie könnten die Tiefenwahrnehmung beispielsweise auch testen, indem Sie sich mit etwas Abstand vor eine Wand stellen, sich nun nach vorn fallen lassen und sich abfangen. Ihr Körper sollte auch mit geschlossenen Augen intuitiv erkennen können, wie viel Platz zur Wand bleibt und wann Sie die Hände ausstrecken müssen, um eine Kollision zu verhindern.

Nun kennen Sie die Grundlage, um Ihr Nervensystem mit all seinen Schwachstellen und auch Stärken zu erkunden. Die folgende Auflistung enthält verschiedene Übungen des Neuroathletiktrainings, die Ihnen daraufhin helfen werden, Ihre Defizite aufzuarbeiten und jedes Bewegung-steuernde System zu stärken.

- **Trainieren Sie Ihr visuelles System:**
  - o <u>Blickverfolgen</u>: Nehmen Sie sich Ihren Buchstaben zu Hilfe. Diesen fokussieren Sie, anschließend bewegen Sie Ihr Hilfsmittel H-förmig, also linear. Vom Ausgangspunkt aus geht es zunächst nach oben, dann nach unten, anschließend zurück zur Mitte. Danach bewegen Sie es nach links oder rechts und wiederholen die Bewegung, um den Buchstaben H zu erhalten. Tun Sie dies ein paar Mal und intensivieren Sie die Übung, indem Sie die Geschwindigkeit erhöhen. Dabei gilt allerdings, dass Sie den Buchstaben zu jeder Zeit noch scharf erkennen können müssen. Fühlen Sie sich mit dieser Übung wohl, dann fügen Sie kreisförmige Bewegungen hinzu: Malen Sie dabei eine Spirale nach. Entweder Sie starten in geringer Entfernung zu Ihrem Gesicht, malen die Spirale dann immer größer und entfernen sich dabei oder umgekehrt.

o <u>Akkommodation</u>: Suchen Sie sich zusätzlich zu Ihrem Buchstaben einen weiteren Gegenstand, der ca. 5 bis 20 Meter von Ihnen entfernt ist. Fokussieren Sie nun abwechselnd den Buchstaben (halten Sie ihn auch mal so nah an Ihre Augen, dass Sie schielen müssen) und den Gegenstand im Hintergrund. Eine ähnliche Aufgabe wird auch für Menschen empfohlen, die den Großteil Ihres Arbeitsalltags vor einem Bildschirm verbringen: die 20:20-Übung, bei der Sie alle 20 Minuten auf etwas gucken, was 20 Meter entfernt ist. Ein längerer Blick aus dem Fenster reicht dabei meist schon aus, um Ihre Augen zu entspannen.

o <u>Fixation</u>: Drucken oder malen Sie hierfür ein Quadrat auf ein Blatt Papier. Am einfachsten ist es, wenn jede Ecke des Quadrates mit jeder anderen Ecke verbunden ist, also auch die diagonalen Linien sichtbar sind. Den Mittelpunkt des Quadrates können Sie zusätzlich hervorheben. Diesen fixieren Sie zunächst, bevor Sie dann den Blick von da aus zu jeder Ecke schweifen lassen und jede Linie mit Ihrem Blick verfolgen. So trainieren Sie zusätzlich den Augenmuskel, da wir es oft nicht mehr gewohnt sind, ausschließlich unsere Augen zu bewegen.

Wollen wir beispielsweise nach unten auf unser Handy gucken, so neigen wir eher den Kopf, als dass wir nur unseren Blick senken und minimieren die eigentliche Arbeit unserer Augen. Dies ist besonders wichtig für Brillenträger, um hin und wieder aus diesem „Käfig" auszubrechen, den die Brille für unser Sichtfeld darstellt.

o <u>Blicksprünge</u>: Sie brauchen nun zwei Hilfsmittel mit Buchstaben. Der Buchstabe muss derselbe sein und auch von der Größe sollten beide übereinstimmen. Halten Sie nun ein Hilfsmittel in jeder Hand und strecken Sie die Arme aus. Diese sollten dann in einem 45°-Winkel zueinander stehen, die Buchstaben befinden sich auf Augenhöhe. Ihr Blick führt zunächst geradeaus, also zwischen den Fixpunkten hindurch. Blicken Sie nun nach links, fokussieren Sie den Buchstaben und springen Sie dann hinüber zu dem anderen. Der Kopf bleibt dabei stets gerade und bewegt sich nicht. Wiederholen Sie dies mehrmals und experimentieren Sie ruhig mit der Geschwindigkeit – aber auch hier gilt die Devise, dass der Buchstabe erst scharf zu sehen sein muss, bevor Sie fortfahren.

o Ihr visuelles System kann außerdem über die <u>Aktivierung des VOR</u>, also des vestibulo-okulären Reflexes geschult werden. Wie das genau funktioniert, erfahren Sie bei dem nächsten Punkt.

- **Übungen für das vestibuläre System**:
  o <u>Infinity Walk</u>: Hierzu laufen Sie das Unendlichkeitszeichen beziehungsweise eine 8 ab. Diese können Sie durch zwei beliebige Gegenstände, beispielsweise zwei Bälle abgrenzen, die Sie dann abwechselnd umrunden. Suchen Sie sich nun einen Fixpunkt auf Augenhöhe, dieser kann sich entweder direkt in Sichtrichtung befinden oder auch seitlich von Ihnen, sodass Sie seitwärts gehen müssen. Versuchen Sie nun zunächst, diesen Punkt zu fixieren und dabei die 8 zu laufen, ohne auf Ihren Gang schauen zu müssen oder Fehler zu machen. Zur Steigerung können Sie vom Gehen zum Joggen oder Laufen wechseln, einen Ball dribbeln oder auch rückwärts laufen. Da diese Übung aber generell nicht einfach ist, sollten Sie langsam beginnen.

  o <u>Stimulieren Sie die Makulaorgane</u>: Platzieren Sie dafür einen Buchstaben auf Augenhöhe, Ihre Entfernung zu diesem sollte eine Armlänge betragen.

Fixieren Sie ihn und wippen Sie dabei auf und ab. Begonnen wird mit einer neutralen Kopfhaltung, der Blick ist gerade nach vorn gerichtet. Um nun den Sacculus und Utriculus vollständig zu erreichen, müssen Sie eine lineare Beschleunigung des Kopfes bewirken. Dazu drehen Sie den Kopf nun nach links und rechts, die Augen bleiben wie immer auf dem Buchstaben. Anschließend drehen Sie ihn wieder nach vorn und führen das Kinn leicht zur Brust. Das Wippen mit überstrecktem, also nach oben geneigtem Kopf sollte zum Schluss erfolgen, da diese Überdehnung zusätzlichen Stress für das Nervensystem bedeutet. Bauen Sie diese nur in Ihr Training ein, wenn die vorherigen Bewegungen sicher und problemlos ausgeführt werden konnten.

Wenn Sie Ihr vestibuläres System noch stärker beanspruchen wollen, dann eliminieren Sie die visuellen Reize durch eine Wiederholung der Übungen mit geschlossenen Augen.

o <u>Die Bogengänge nicht vergessen</u>: Strecken Sie nun die Arme im 45°-Grad Winkel aus, Ihre Daumen zeigen nach oben. Diese dienen Ihnen gleich wieder als Fixpunkte. Ziehen Sie das Kinn leicht zur Brust, fixieren Sie einen Daumen und bewegen Sie dann Ihren Kopf im Sekundentakt zum anderen (solange dieser in einer Sekunde scharf erkannt wird). Die Kopfbewegung muss hier schnell ausgeführt werden, da das vestibuläre System auf die Geschwindigkeitsveränderung reagiert. Tun Sie dies für 15- bis 20-mal pro Seite. Die Drehung des Kopfes aktiviert hier die Bogengänge. Um alle 3 davon abzudecken, können Sie anschließend einen Arm höher halten als den anderen und so auch die Diagonale trainieren. Wiederholen Sie auch dies mit jeder Seite.

o Stellen Sie sich aufrecht hin, Ihr Fixpunkt sollte auf Augenhöhe liegen. Fixieren Sie diesen und neigen Sie nun den Kopf abwechselnd von vorn nach hinten, ohne den Blick zu lösen. Wenn der Buchstabe dabei nicht scharf gehalten werden kann, probieren Sie es mit einem größeren. Durch die Überstreckung des Kopfes können auch hier wieder Probleme auftreten, weshalb Sie die Übung nur in Ruhe und nicht vor einem weiteren, körperlichen Training ausführen sollten. Wenn Ihnen schlecht oder unwohl wird, dann fahren Sie nur langsam und vorsichtig fort oder lassen Sie die Übung vorerst weg.

o Sie können ebenfalls Ihr Hilfsmittel zur Hand nehmen, dieses aus einer Armlänge Entfernung heraus fixieren und dabei vorwärts- oder rückwärtsgehen.

- **Die Propriozeption fördern:**

Dieses ist wohl das System, was am einfachsten zu trainieren ist, denn es wird durch jede einzelne Bewegung stimuliert. Ein paar Beispiele dafür wären:

o <u>Sensorisches Warm-up</u>: Hier gilt es, die Mechanorezeptoren auf unserer Haut zu triggern. Dieses können Sie beispielsweise über das Abrollen des gesamten Körpers über eine Faszien-Rolle erreichen. Diese Rollbewegung über die einzelnen Muskeln, Knochen und Gelenke hilft dem Gehirn dabei, deren Stellung zueinander noch gezielter zu registrieren, was auch eine sehr effektive Hilfe für ein kommendes Training darstellt: Führen Sie zunächst ein Testing und Retesting mit einer beliebigen Dehnübung aus. Durch das zwischenzeitliche Abrollen wird das Sicherheitsempfinden Ihres Nervensystems erhöht, was wiederum die Schmerz- und Dehntoleranz erhöht. Sie werden folglich die Dehnung länger und tiefer halten können als zuvor.

o <u>Barfußlaufen im Sand</u>: Schulen Sie dadurch Ihren Körper, sich diesem neuen und noch relativ unbekannten Untergrund anzupassen. Er muss nun ein neues Gefühl für Stabilität und Balance entwickeln, damit Sie sicher gehen können.

o <u>Gehen mit geschlossenen Augen</u>: Durch den fehlenden visuellen Input sind Sie nun auf Ihre Tiefenwahrnehmung angewiesen. Versuchen Sie, an einer geraden Linie entlangzulaufen. Nehmen Sie sich hierfür einen Trainingspartner zu Hilfe, der die Resultate beurteilen kann.

o <u>Stabilitätstraining</u>: Greifen Sie hier auf einarmige oder einbeinige Übungen zurück. Dies kann eine Plank sein, bei der Sie nach dem Einkehren der Stabilität einen Arm zur Seite ausstrecken und so gezwungen sind, sich mit dem anderen Arm stabil zu halten und Ihren Körperschwerpunkt anzupassen. Andere Beispiele wären Pistol Squats, Standwaagen oder einbeinige Glute Bridges.

o <u>Nutzen Sie Widerstand</u>: Wenn Sie Widerstandsbänder besitzen, so können Sie diese auch zur Verbesserung Ihrer Eigenwahrnehmung nutzen.

Fixieren Sie beispielsweise das Band unter einem Fuß und spannen Sie es dann über die Schulter der gleichen Seite. Führen Sie nun langsam und konzentriert einige Kniebeugen aus. Durch die Dehnung des Bandes und den zusätzlichen Zug ergeben sich höhere Kontrollanforderungen für Ihre Bewegungssteuerung, als wenn Sie die Übung frei ausführen würden. Das Band führt Sie dabei, indem das Kleinhirn die Bewegung zu jeder Zeit kontrolliert, um Verletzungen zu vermeiden. Machen Sie langsam, lassen Sie Ihr Nervensystem registrieren, dass keine Gefahr droht. So kann es sich an die richtige Ausführung gewöhnen und Sie riskieren später, wenn Sie das Band weglassen, weniger, dass Sie instabil werden oder in eine Fehlhaltung geraten.

Zur Verbesserung der Propriozeption empfiehlt sich auch, Ihre Hände gezielt zu trainieren:
1. Führen Sie eine sogenannte <u>Flexion Wave</u> durch: Winkeln Sie einen Arm vor Ihrem Körper an, der Unterarm sollte senkrecht und parallel zum Oberkörper stehen und Ihr Daumen zu Ihnen zeigen, sodass Sie Ihre Hand von der Seite sehen. Halten Sie diese zunächst steif und beginnen Sie damit, die Finger langsam, Glied für Glied, zu krümmen. Wenn Ihre

Fingerspitzen nun Ihre Handfläche berühren (das sollte ungefähr an der Basis Ihrer Finger passieren), versuchen Sie, den Kontakt zu dieser zu halten. Die Finger nicht weiter krümmen, Sie wollen keine Faust bilden, sondern die Spitzen an der Handfläche entlang nach unten weg streichen. Haben Sie den untersten Punkt erreicht, dann führen Sie Ihre Finger nach vorn von der Hand weg, biegen diese schwungvoll nach oben und führen Sie sie in die Ausgangsposition zurück. Schnell ausgeführt, ähnelt die Bewegung einer Welle, deshalb auch der entsprechende Name. Dieses mag die ersten Male etwas schwer und unangenehm sein, aber Sie gewöhnen sich daran und bekommen im Gegenzug ein besseres Gefühl für Ihre Finger.

2. <u>Extension Wave</u>: Diese funktioniert wie die Flexion Wave, nur umgekehrt. Starten Sie mit derselben Armhaltung, Ihre Fingerspitzen berühren Ihre Handfläche an deren Unterkante. Lassen Sie sie nun nach oben gleiten und versuchen Sie, so lange wie möglich den Kontakt zur Handfläche aufrechtzuerhalten.

3. Die beiden vorherigen Übungen lassen sich auch mit dem <u>Daumen</u> durchführen. Strecken Sie ihn in einem 90-Grad-Winkel von der Hand weg, krümmen Sie ihn

dann und führen Sie ihn langsam auf der Handfläche entlang, bevor Sie ihn wieder nach vorn davon wegführen. Der Daumen sollte die Handfläche dabei ungefähr auf Höhe des kleinen Fingers verlassen. Für die Extension Wave führen Sie diese Bewegung einfach wieder rückwärts aus.

4. <u>Mobilisieren Sie Ihre Finger</u>: Strecken Sie dafür Ihre Hand waagerecht nach vorn aus und spreizen die Finger. Sie können mit jedem beliebigen Finger beginnen, empfehlenswert ist jedoch der Zeigefinger. Berühren Sie diesen nun auf der Ober- und Unterseite mit Daumen und Zeigefinger Ihrer anderen Hand und suchen Sie das Gelenk, welches Finger und Hand verbindet.

Dieses befindet sich nicht direkt am Knöchel, sondern etwas tiefer in Richtung der Handfläche. Bewegen Sie den zu trainierenden Finger auf und ab, Sie werden deutlich merken, wo genau es sich befindet. Das Gelenk fixieren Sie nun mit Daumen und Zeigefinger, denn Sie wollen sicherstellen, dass die folgenden Bewegungen aus diesem heraus entstehen und es zusätzlich mobilisieren. Zu Beginn bewegen Sie den fixierten Finger linear, also entweder von links nach rechts oder von oben nach unten. Wenn Ihnen das keine Probleme bereitet, dann malen Sie kleine Kreise. Wiederholen Sie diese Übungen mehrmals sowie in alle Richtungen und arbeiten Sie sich von Finger zu Finger vor.

Diese Übungen helfen Ihrem Gehirn dabei, zu lernen, wie es die einzelnen Finger isoliert voneinander besser steuern kann. Zukünftige Bewegungen mit Fokus auf unsere Hände werden so vorhersehbarer (beispielsweise bei einem Handstand oder dem Zuspielen eines Balles). Im Alltag liegt der meiste Fokus in der Regel nur auf dem Daumen und dem Zeigefinger, weswegen Ihnen das Training der anderen Finger eine zusätzliche Leistungssteigerung bescheren kann.

Diese Auflistung ist wie gesagt nicht abschließend, enthält aber die wichtigsten Aufgaben, die Sie zum Start Ihres Trainings benötigen.

10-Wochen-Plan, mit dem Sie Neuroathletiktraining optimal in Ihren Alltag einbauen

S ich aus diesen zahlreichen Übungen die beste Routine für Sie zusammenzustellen und zum Anfang bereits an alles Wichtige zu denken, ist nicht einfach und erfordert eine genaue Übersicht. Der folgende 10-Wochen-Plan soll Ihnen als Grundgerüst für den Einstieg dienen und Ihnen dabei helfen, sich vollkommen auf die Übungen konzentrieren zu können.

Da jeder Mensch über ein anderes neurologisches Profil und dementsprechend andere Anforderungen verfügt, müssen Sie den Plan noch ein wenig angleichen, um das beste Ergebnis für sich zu erzielen. Er ist deshalb so allgemein wie möglich gehalten und berücksichtigt alle Bewegung-steuernden Instanzen gleichermaßen. Die Anpassung sollte durch das zuvor erklärte Testing und Retesting jedoch kein Problem darstellen. Fügen Sie einfach die Übungen in den Plan ein, von denen Sie am meisten profitieren.

Nach Ablauf der 10 Wochen werden Sie sich viel sicherer in der Anwendung des Neuroathletiktrainings fühlen und können nun entscheiden, ob Sie sich für die anspruchsvolleren Übungen mit dem integrierten Balancetraining bereit fühlen oder ohne Ausrüstung weiter trainieren.

• *Woche 1 – Vorbereitung*

In der ersten Woche liegt der Fokus noch nicht auf dem Training selbst, sondern auf der optimalen Vorbereitung. Erstellen Sie am besten eine Checkliste, damit Sie den Überblick nicht verlieren. Sie benötigen:

1. Ihr persönliches Hilfsmittel mit dem Buchstaben, der Ihnen als visueller Fixpunkt während eines Großteils der Übungen dienen wird. Sollten Sie lieber ein Lineal oder einen Stift nehmen wollen, anstatt auf Ihre Fingernägel zu schreiben, dann bereiten Sie im Voraus bereits mehrere Hilfsmittel und verschieden große Buchstaben vor, um bei Bedarf die Schwierigkeit anpassen zu können.

2. Eine (Handy-)Kamera oder Ihren Trainingspartner, der Ihnen täglich für ein paar Minuten zur Verfügung steht.

3. Festes Schuhwerk. Normale Sportschuhe sind völlig ausreichend. Sie wollen gerade zu Beginn des Trainings dafür sorgen, einen möglichst sicheren Stand zu haben, damit Sie sich beim Testen einen unverfälschten Eindruck über Ihre Fähigkeiten verschaffen können.

4. <u>Lockere Kleidung</u>. Da Sie mitunter Bewegungen mit einem größeren Radius durchführen wollen, sollte Ihre Kleidung Sie dabei nicht einengen.

5. Ihr persönliches <u>Trainings-Tagebuch</u>. Erstellen Sie eine Übersicht über Ihren Fortschritt und dokumentieren Sie Ihr Training ausführlich. Wo und wie Sie das tun, ist egal, Hauptsache, Sie haben es schnell zur Hand und es ist gut strukturiert.

6. <u>Reflektieren Sie</u> über Ihre bisherigen Gewohnheiten. Essen Sie vielleicht zu unausgewogen, sind Sie permanent gestresst und vernachlässigen sich selbst? Dann suchen Sie sich ein paar leckere, gesunde Rezepte raus, vermerken Sie die Zutaten gleich fest auf der Einkaufsliste und versuchen Sie Schritt für Schritt, Ihre mentale Gesundheit zu fördern.

7. <u>Schaffen Sie Trainingszeiten</u>. Der eigene Terminkalender platzt aus allen Nähten und es lässt sich keine zusammenhängende halbe Stunde finden, in der Sie Ihre Übungen absolvieren können? Dann splitten Sie die Einheiten auf, aber behalten Sie den Überblick. Es würde sich anbieten, es sich zum Ziel

zu machen, alle 1,5 h für 5 Minuten zu trainieren, bis Sie die Gesamtzeit erreicht haben. Lassen Sie sich zur Not von Ihrem Telefon daran erinnern, falls dies im Alltagsstress untergeht. Einige Aufgaben lassen sich außerdem perfekt vom Schreibtisch aus erledigen (wie die vorher erwähnte 20:20-Übung) und helfen Ihnen zusätzlich dabei, kurz abzuschalten und Ihre Augen zu entlasten.

• *Woche 2 – Einstieg*

Sie haben nun im Optimalfall alles beisammen und fühlen sich fit, also kann es endlich losgehen.

Machen Sie sich langsam mit der Ausführung des Neuroathletiktrainings vertraut und beginnen Sie damit, sich zu testen. Überanstrengen Sie sich aber nicht und lassen Sie sich vor allem nicht stressen. Sie fangen gerade erst damit an, sich mit Ihrem Nervensystem konkret auseinanderzusetzen, also ist es klar, dass Sie nicht sofort jeden einzelnen Zusammenhang erkennen und einordnen können. Sie entwickeln mit der Zeit ein Gespür dafür, es ist schließlich noch kein Meister vom Himmel gefallen.

Es lassen sich für eine Übung mindestens 3 bis 5 Minuten anpeilen, weshalb Sie nicht mehr als 10 Tests am Tag durchführen sollten, um Ihr Gehirn nicht zu überfordern.

Angefangen mit dem visuellen System, also der ursprünglichen Hierarchie folgend, könnte Ihr Trainingsablauf dann wie folgt aussehen:

o **Visuelles System**:

- <u>Zwei Tests der Peripherie</u>: Führen Sie gemeinsam mit Ihrem Trainingspartner die bereits zuvor beschriebene Übung aus, bei der der Partner Ihnen während der Ausführung einer anderen Aufgabe eine wechselnde Anzahl seiner Finger zeigt. Danach können Sie einen sogenannten „Bunny Drill" durchführen. Bei diesem positioniert sich der Partner hinter Ihnen, zeigt Hasenohren mit seinen Händen und lässt diese anschließend neben Ihrem Kopf von hinten nach vorn in Ihr Sichtfeld hoppeln. Dabei wird das Sichtfeld in vier Quadranten unterteilt (oben links und rechts, unten links und rechts), welche nacheinander abgearbeitet werden. Sobald Sie das Häschen sehen, sagen Sie laut „Hepp", damit Ihr Partner Bescheid weiß. Sollten sich bei diesem Test erhebliche Defizite in einem der Quadranten zeigen, so suchen Sie einen Arzt auf. Hier könnte eine schwerwiegendere Krankheit dahinterstecken, die sich nicht mit bloßem Neuroathletiktraining beheben lässt.

• <u>Ein Test des scharfen Sichtfelds</u>: Nehmen Sie Ihren Buchstaben zur Hand, halten Sie diesen auf Augenhöhe und fixieren Sie ihn. Führen Sie ihn nun abwechselnd näher zu Ihren Augen heran, sodass Sie schielen müssen und anschließend wieder weiter weg. Dies kann zusätzlich wiederholt werden, wenn Sie dabei immer ein Auge abdecken und so jede Seite für sich beurteilen.

o **Vestibuläres System**:

• Arbeiten Sie hier über die <u>Wipp-Bewegungen</u>: Fokussieren Sie den Buchstaben, während Sie auf und ab wippen. Die verschiedenen Bestandteile Ihres Gleichgewichtsorgans (also die Makulaorgane und die Bogengänge) können Sie dabei durch verschiedene Kopfbewegungen und -drehungen ansprechen. Neigen Sie also den Kopf zur Seite, ziehen Sie das Kinn Richtung Brust oder drehen Sie den Kopf leicht weg. Variieren Sie ruhig ein wenig, beanspruchen Sie aber beide Seiten Ihres Kopfes gleichermaßen. Nicht vergessen: Die Ohren besitzen jeweils ein Gleichgewichtsorgan, dass entsprechend gefördert werden will.

- ○ **Propriozeption**:
  - ▪ Führen Sie <u>drei beliebige Bewegungstests</u> mit abwechselnd geöffneten und geschlossenen Augen durch und lassen Sie sich dabei von Ihrem Partner beobachten. Da unsere Propriozeption durch jede einzelne Bewegung stimuliert wird, haben Sie beim Testen die freie Auswahl.

Sie sollten am Ende von Woche 2 also einen groben Überblick darüber erhalten haben, wo Ihre Defizite liegen. Notieren Sie sich diese und beachten Sie sie bei der zukünftigen Auswahl der Übungen sowie deren Gewichtung beim Training. Sie müssen die 3/3/3-Aufteilung nicht beibehalten, wichtig ist nur, dass Sie kein System vernachlässigen.

- • *Woche 3 – Trainingsbeginn*

Nun wird es Zeit, mit dem eigentlichen Training zu beginnen. Führen Sie jeden Tag ein kurzes Testing durch, um die individuellen Anforderungen zu bestimmen. Verbringen Sie allerdings nicht zu viel Zeit damit, da Sie sich nun auf die Förderung der Systeme konzentrieren wollen und das Training nicht unnötig in die Länge gezogen werden soll – Sie wollen Ihr Gehirn schließlich nicht überlasten.

Arbeiten Sie sich bei den Übungen wieder der Hierarchie entsprechend von oben nach unten oder umgekehrt durch.

Halten Sie vor Beginn des Trainings 5 Übungen pro System fest. Suchen Sie sich dann jeweils 3 Übungen aus, die Sie am Tag ausführen. Sie müssen nicht jeden Tag variieren, aber es ist ratsam, alle paar Tage mal einen neuen Anreiz hinzuzufügen, an den sich das Gehirn dann erst gewöhnen muss – so bleibt es wachsam.

- *Woche 4, 5 und 6 – Trainingsphase:*

Nachdem Sie sich in der 3. Woche in das Neuroathletiktraining reingefuchst haben, beginnt nun die Phase, in der Sie uneingeschränkt trainieren können. Führen Sie Ihren bisherigen Trainingsplan fort, ergänzen Sie fleißig Ihr Trainingstagebuch und lernen Sie Ihren Körper besser kennen.

Suchen Sie sich aus der Übersicht der vielen verschiedenen Übungen pro Woche 2 neue aus, die Sie von Zeit zu Zeit in Ihr Training integrieren. Lassen Sie es nicht eintönig werden und fordern Sie sich bewusst, dafür brauchen Sie neue Reize.

Falls Sie dies nicht bereits tun, dann bauen Sie auch gleichzeitig Koordinations-, Stabilitäts- oder Dehnübungen in Ihr Sportprogramm ein. Auch ein leichtes Krafttraining wirkt sich positiv auf Ihre Entwicklung aus: Wenn unser Gehirn nun lernt, regelmäßiger grünes Licht für die volle Leistungsfähigkeit zu geben, dann ergibt es nur Sinn, diese durch eine Steigerung unserer allgemeinen Kraft zu ergänzen.

Wenn Sie bereits einen anderen Sport ausüben, dann versuchen Sie, über diese Zeit das Niveau zu halten. Es ist noch zu früh, um große Sprünge machen zu können. Festigen Sie ruhig erst einmal Ihre Kenntnisse aus der Neuroathletik und geben Sie Ihrem Nervensystem Zeit, um sich anzupassen und die Defizite Schritt für Schritt zu beheben – die Resultate werden dafür in ein paar Wochen umso besser ausfallen.

● *Woche 7 und 8 – Zwischenbericht*

Sie haben nun erfolgreich die letzten 1,5 Monate Ihr Nervensystem trainiert und hoffentlich schon den einen oder anderen kleinen Erfolg bemerkt. Nehmen Sie sich nun Ihr Tagebuch vor und nehmen Sie sich bewusst die Zeit, um bis zum Anfang zurückzublättern. Was für Unterschiede fallen Ihnen auf? Wie weit sind

Sie bisher gekommen? Schreiben Sie auch das ruhig nieder, denn so klein die Fortschritte auch sein mögen, sie motivieren Sie zum Weitermachen.

Für Ihre Sportart (wenn vorhanden) gilt nun, dass Sie damit beginnen können, weiter an Ihre Grenzen zu gehen. Nehmen Sie mehr Gewicht, trauen Sie sich, neue Bewegungsmuster auszuprobieren oder nutzen Sie eine andere Laufroute, die unebeneren Grund oder auch Steigungen und Gefälle beinhaltet. Beobachten Sie genau die Reaktion Ihres Körpers.

Gehen Sie doch als Ergänzung zu Ihrem Training und Ihren Bemühungen zu mentaler Gesundheit ab und zu im Wald wandern und erkunden Sie die Natur. Die zahlreichen neuen Eindrücke und Anforderungen werden zusätzlich zu dem schönen Ausblick alle Bewegung-steuernden Systeme fordern, was Ihnen gleich einen doppelten Erfolg beschert.

Absolvieren Sie fleißig weiter Ihre Übungen und blicken Sie motiviert auf die Zukunft.

• *Woche 9 – Schon fast fortgeschritten*

Nachdem Sie sich bereits an den Trainingsablauf gewöhnt haben, ist es Zeit, auch in Ihren normalen Alltag einige kleine Reize einzubauen, die Ihnen bei der Entwicklung helfen.

Propriozeptives Training ist dafür optimal geeignet: Stehen Sie öfter auf einem Bein oder fordern Sie sich heraus, während der Dauer Ihres Zähneputzens auf einem zusammengerollten Handtuch zu balancieren. Eine Flexion Wave ist ebenfalls schnell durchgeführt. Trainieren Sie Ihre Hände nun auch regelmäßig, lernen Sie einen Handstand. Fördern Sie Ihre Griffkraft.

Vielleicht können Sie sich auch für neue, anstrengende Aufgaben begeistern: Probieren Sie doch mal, auf einer Slackline zwischen zwei Bäumen zu balancieren, ohne zu fallen.

Überlegen Sie auch ruhig einmal, welche Übungen Ihr Nervensystem noch unterstützen können, ohne dabei auf die Übersicht zu schauen. Sie haben mittlerweile ein Gespür dafür entwickelt, was Ihr Nervensystem benötigt, wie die einzelnen Aufgaben funktionieren und worauf sie abzielen. Entwickeln Sie also ruhig eine eigene Übung, denn solange sie Sie näher an Ihr Ziel bringt, sind Ihrer Kreativität keine Grenzen gesetzt.

• *Woche 10 – Vom Anfänger zum Könner*
Sie sind nun am Ende dieses Plans angelangt und haben den Grundstein für zukünftige sportliche Erfolge sowie ein vollumfängliches Training gelegt.

Nehmen Sie sich nun erneut Ihr Tagebuch vor und seien Sie stolz auf das, was Sie bereits erreicht haben. Reflektieren Sie, ob Sie noch über frühere Defizite verfügen und fragen Sie sich, worauf nun Ihr Fokus liegt. Wollen Sie weiter Ihre Schwachpunkte ausmerzen, so setzen Sie wie zuvor auf Aufarbeitungsübungen. Das sind jene, bei denen Sie beim Testing und Retesting gemerkt haben, dass Sie Schwierigkeiten bei der Ausführung haben und Sie negativ beeinträchtigt werden. Haben Sie Ihr Nervensystem bereits so gut trainiert, dass es rundum auf einem guten Stand ist, und wollen Sie zusätzlich in Ihrer jeweiligen Lieblingssportart neue Erfolge erzielen, so verlagern Sie Ihr Neuroathletiktraining auf die Zeit unmittelbar vor der sportlichen Betätigung. Außerdem sollten Sie hier auf High-Performance-Übungen zurückgreifen: Diese haben sich beim Testing als starke Verbesserung der Bewegungssteuerung herausgestellt. Sie werden Ihnen helfen, auf die bisherigen Fortschritte aufzubauen und Ihre Leistung auf ein neues Level zu heben.

Die letzten 10 Wochen sollten Ihr komplettes Empfinden verändert haben: Sie fühlen sich energetischer, selbstbewusster in Ihren Bewegungen und sind ausgelasteter. Ihnen geht es hoffentlich sowohl mental als auch körperlich besser und Sie haben Gefallen an dieser gesünderen Lebensweise gefunden.

Lassen Sie nicht nach und trainieren Sie zukünftig so akribisch wie zuvor, um auch weiterhin im optimalen Einklang mit Ihrem Nervensystem zu leben. Fordern Sie sich selbst regelmäßig und testen Sie Ihre neuen Grenzen aus – die alten haben Sie längst hinter sich gelassen.

Genießen Sie nun Ihr neues Leben und freuen Sie sich auf alles, was noch kommen mag.

Herstellung und Verlag:

BoD – Books on Demand, Norderstedt

ISBN: 9783754300954

1. Auflage

Kontakt: Psiana eCom UG/ Berumer Str. 44/ 26844 Jemgum

Covergestaltung: Fenna Larsson

Coverfoto: depositphotos.com